La Caisse rurale
La Caisse ouvrière

PRINCIPES, MÉTHODES ET RÉSULTATS

PAR

Louis DURAND

Président de l'Union des Caisses rurales et ouvrières françaises

2me ÉDITION

PARIS

5, rue Bayard, 5

La Caisse rurale

La Caisse ouvrière

La Caisse rurale
La Caisse ouvrière

PRINCIPES, MÉTHODES ET RÉSULTATS

PAR

Louis DURAND

Président de l'Union des Caisses rurales et ouvrières françaises

2ᵐᵉ ÉDITION

PARIS

5, rue Bayard, 5

L'Union des Caisses rurales et ouvrières françaises a été fondée, dans le cours de l'année 1893, pour établir en France les Caisses rurales système Raiffeisen et les Caisses ouvrières du même type, et pour leur rendre tous les services tendant à faciliter leur fonctionnement.

Esquisser à grands traits l'histoire de cette Œuvre, rappeler ses principes sociaux et économiques, analyser le mécanisme de la Caisse rurale et de la Caisse ouvrière, montrer la tâche féconde accomplie par l'Union, retracer l'histoire de ces sept années de labeurs incessants, où la Providence a, d'une main maternelle, proportionné si heureusement les succès qui animent les courages et les épreuves qui trempent les caractères, tel est l'objet de ce modeste travail.

A tous ceux qui ont travaillé et lutté sans défaillances pour propager l'Œuvre et défendre ses principes, à tous les amis de tout rang et de toutes conditions qui lui ont généreusement donné le concours de leur infatigable dévouement, à tous ceux qui se sont associés à sa vie, partageant ses joies et ses tristesses, je dédie ces lignes.

Louis Durand.

Lyon, le 1er mars 1900.

NOTE POUR LA DEUXIÈME ÉDITION

Les principes de l'Œuvre n'ont pas varié depuis la publication de la première édition, mais les événements ont marché et ont apporté de nouveaux enseignements.

Cette deuxième édition a été mise au courant des faits nouveaux : elle donne les chiffres les plus récents, et une partie nouvelle y a été insérée sur les Caisses centrales ou régionales.

L. D.

Lyon, 1er février 1907.

La Caisse rurale
La Caisse ouvrière

PREMIÈRE PARTIE

LA CAISSE RURALE

L'agriculture procurait jadis, aux travailleurs des champs, sinon la richesse, du moins une laborieuse aisance. Mais, dans le cours du XIXᵉ siècle, la condition du cultivateur est devenue plus difficile : tandis que ses récoltes étaient dépréciées sur les marchés, il avait à lutter contre des fléaux inconnus de ses ancêtres, et, de plus, il voyait l'argent fuir les campagnes pour aller féconder les entreprises industrielles ou commerciales.

Or, l'agriculture, comme toute autre forme du travail humain, a besoin de capitaux pour prospérer. On ne peut cultiver sans bétail, sans engrais, sans approvisionnements, et tout cela représente de l'argent. Les ressources du paysan ont donc diminué dans la proportion où croissaient ses besoins. De là est née la question du crédit agricole.

I

On a longtemps affirmé que le cultivateur se ruine lorsqu'il emprunte, et qu'il doit cultiver avec ses seuls capitaux.

Assurément, il serait préférable que chaque cultivateur fût

assez riche pour se suffire sans recourir à l'emprunt. Mais il est bien certain, cependant, que l'emprunt prudent, modéré et intelligemment employé est utile et parfois indispensable à l'agriculture.

Combien n'y a-t-il pas d'agriculteurs aisés qui, répugnant à emprunter, s'efforcent de se suffire avec leurs seules ressources, conformément à cette doctrine, et, par suite, se privent d'avantages précieux? Ils omettent des fumures nécessaires et perdent ainsi un supplément de récolte important; ils vendent en pleine baisse du bétail maigre, faute de pouvoir le nourrir quelques mois de plus. Ils négligent de remplir leurs étables pour utiliser leurs approvisionnements de fourrages, etc. Et, ainsi, pour ne pas emprunter une somme, souvent bien minime, ils renoncent à un bénéfice qui mettrait un peu d'aisance dans leur foyer et leur assurerait le moyen de mieux cultiver l'année suivante.

Mais combien plus nombreux encore sont les cultivateurs qui, ne pouvant pas exercer leur profession avec leurs seuls capitaux, sont réduits à recourir à des expédients ruineux, aux multiples formes sous lesquelles se dissimule le crédit usuraire : ils prennent du bétail en cheptel à des conditions léonines, ils achètent à crédit ou empruntent du grain et de la farine à des prix qu'on n'oserait pas proposer à qui payerait comptant; la dure nécessité leur fait accepter tout moyen de se tirer momentanément d'embarras.

On s'imagine parfois que l'usure n'existe pas dans les campagnes françaises : assurément elle ne s'y montre pas sous la forme cynique qu'on trouve dans certains pays étrangers, mais elle n'en est pas moins répandue, et les Caisses rurales ont provoqué des confidences nombreuses et convaincantes qui démontrent combien il est urgent de porter secours aux agriculteurs.

Mais même pour ceux qui peuvent échapper à l'usure, même pour ceux qui cultivent avec leurs seuls capitaux, le crédit honnête et modéré serait une précieuse ressource, puisqu'il leur permettrait de tirer de leur travail le maximum de profit, en leur fournissant les moyens de faire une bonne culture.

On ne se doute pas, si l'on ne l'a pratiqué, combien quelques centaines de francs, prêtés au moment opportun, à la veille d'une foire, à l'époque d'une fumure, à l'instant où s'offre une bonne opération, peuvent être utiles et profitables à un petit cultivateur.

Sans doute, le crédit peut être une occasion de ruine pour l'imprévoyant qui l'emploie non à produire, mais à vivre avec plus de prodigalité. Mais pour l'homme sérieux et prudent, le crédit est un moyen puissant de travail et de progrès.

II

Malheureusement, le petit cultivateur ne remplit pas les conditions qui lui rendraient le crédit facile. Un grand propriétaire jouit d'une notoriété qui lui permet de frapper utilement à bien des portes ; mais le petit cultivateur n'est connu que dans sa commune : en dehors, il ne jouit pas de la confiance qu'il mérite, car on ignore la mesure dans laquelle il la mérite.

Du reste, fût-il connu à la ville voisine, il pourrait difficilement recourir au crédit des banques commerciales ou des banques agricoles qui seraient constituées sur les mêmes bases. Les banques opèrent avec des capitaux qui leur coûtent peu, parce qu'ils ne leur sont confiés que pour peu de temps ; elles ne peuvent donc faire que des opérations à court terme, et encore faut-il que ces opérations soient représentées par des effets dont elles pourraient faire argent au premier besoin, en les négociant à une autre banque. Or, pour qu'un effet puisse facilement circuler de banque à banque, il ne suffit pas que le souscripteur soit parfaitement solvable, il faut encore que sa signature soit parfaitement connue et que le billet n'ait pas plus de trois mois à courir.

Toute banque qui accepte des effets qui ne remplissent pas ces conditions se trouve dans l'impossibilité de les négocier. Elle est obligée de les conserver dans son portefeuille jusqu'à leur échéance : elle a donc *immobilisé* l'argent ainsi employé.

Or, il est bien évident que les effets souscrits par de petits cultivateurs ne remplissent pas ces conditions. La signature n'a aucune notoriété, et l'emprunt agricole exige normalement une durée de plusieurs trimestres, parce que l'argent mis dans la terre sous forme de travail, d'engrais ou de semences, n'en ressort que longtemps après.

Sans doute, une banque agricole peut se tirer parfois d'affaire par l'expédient des *effets renouvelables*. Elle accorde un prêt pour dix mois, elle promet formellement à l'emprunteur de ne pas lui réclamer le payement avant cette date. Mais elle se fait souscrire des effets portant une échéance fictive, elle les met en circulation et elle les paye à leur échéance avec l'argent qu'elle se procure en mettant en circulation un nouveau billet souscrit par le même emprunteur, portant une nouvelle date fictive et remplaçant le premier billet annulé.

Cela va bien aussi longtemps que la banque jouit d'un crédit incontesté ; sa signature, réputée excellente, fait accepter les papiers douteux qu'elle met en circulation. Le réescompteur ne s'inquiète pas de savoir si le souscripteur pourra payer à l'échéance fictive inscrite sur l'effet qu'on lui présente, car il est certain que la banque qui le lui endosse s'arrangera pour le payer, en soignant le renouvellement.

Mais vienne une crise, une panique, qui jette un discrédit, même non justifié, sur la banque agricole. Elle ne pourra plus faire escompter ses effets de complaisance, car les réescompteurs sauront pertinemment qu'il s'agit d'effets renouvelables, c'est-à-dire d'effets que le souscripteur n'a ni la volonté, ni la possibilité de payer à l'échéance fictive inscrite sur le billet.

Et la banque agricole se trouvera ainsi prise entre deux impossibilités : elle ne pourra pas se faire payer par ses clients qui ont compté sur une échéance plus éloignée, et cependant elle devra payer les effets mis en circulation par elle avec une fausse date d'échéance.

A la moindre crise, la banque agricole se trouvera donc dans un embarras d'autant plus grand que les difficultés occasionnées par cette crise l'auront amenée à des démarches dont l'insuccès sera vite connu. Elle sera contrainte de liquider.

L'expédient du papier renouvelable est commode quand tout va bien ; mais il ne peut que précipiter la chute au premier accroc.

Pour organiser sérieusement et solidement le crédit agricole, il faut donc des institutions spéciales, réunissant deux conditions essentielles :

Il faut, en premier lieu, une institution fonctionnant dans les limites de la commune, là où le petit agriculteur est parfaitement connu.

Il faut, en second lieu, une institution de crédit agricole qui ait, par elle-même, une solidité, un crédit indiscutables qui lui donnent la certitude de pouvoir toujours, même dans les moments difficiles, faire honneur à sa signature, malgré le peu de notoriété de ses clients et malgré l'immobilisation de ses capitaux, immobilisation qui résulte nécessairement de l'emploi qu'elle en a fait.

<h3 style="text-align:center">III</h3>

La Caisse rurale système Raiffeisen remplit parfaitement ce programme.

C'est une petite Société de crédit mutuel entre habitants de la même commune. Elle est formée sans capital, chaque associé apportant, non de l'argent, mais sa responsabilité illimitée. Tous répondent solidairement sur tous leurs biens des engagements contractés par la Société.

La Société emprunte, sous la garantie solidaire de ses membres, les modestes capitaux dont elle a besoin; elle les prête à ses seuls membres, pour des emplois jugés utiles et profitables, et sous la garantie d'une caution, parfois même d'un gage ou d'une hypothèque.

Naturellement, elle prête à un taux un peu supérieur à celui auquel elle emprunte; elle réalise donc un petit *boni*, qui forme une réserve pour parer aux pertes possibles. Mais jamais un centime de cette réserve n'est réparti comme dividende entre les associés, ni comme traitement entre les administrateurs qui exercent leurs fonctions gratuitement et par pur dévouement.

Il n'est pas douteux qu'une telle Société n'ait un fonctionnement à la fois simple, facile et sûr.

Elle trouve sans peine les capitaux dont elle a besoin parmi les petits capitalistes ou épargnistes de la localité. Elle ne fait que des opérations sérieuses et sûres, sans risques appréciables de pertes. Et si, par malheur, une perte était éprouvée, sa situation n'en serait nullement ébranlée et ses membres n'auraient pas à en souffrir.

C'est ce que démontrent les considérations suivantes :

a) La Caisse rurale n'a pas pour but de procurer du crédit à qui ne possède rien; elle s'adresse aux cultivateurs qui exercent déjà leur profession, qui possèdent souvent des terres et des maisons, et toujours du bétail, des récoltes, des instruments; elle leur procure seulement le peu d'argent comptant qui leur est nécessaire par moment pour compléter leur outillage ou perfectionner leur culture.

Les besoins de crédit sont forcément très limités pour les agriculteurs, et la Caisse rurale n'a à avancer que des sommes, sans doute fort utiles pour une bonne exploitation, mais infiniment inférieures à l'ensemble de l'avoir des associés.

Le groupe régional des Caisses rurales du Doubs a fait, en 1898, une intéressante statistique, de laquelle il résulte que 52 Caisses, composées de 1 428 membres, offraient à leurs créanciers une *garantie foncière* de 14 700 000 francs, dont 4 200 000 en propriétés bâties et 10 500 000 francs en propriétés non bâties, sans préjudice de la fortune mobilière des associés, bétail, instruments, récoltes, etc.

Or, ces Caisses n'avaient emprunté que 185 000 francs, leurs membres n'ayant pas eu besoin de sommes plus considérables. Ces Caisses offraient donc à leurs déposants une *garantie foncière* couvrant 75 fois leurs dépôts.

Dans ces conditions, il est bien évident que la Caisse rurale inspirera toujours une confiance absolue, elle n'aura pas à craindre de paniques; il en serait évidemment autrement d'une Société anonyme, limitant la responsabilité de ses membres au capital versé ou au capital souscrit. Il est bien clair, en effet, qu'une telle Société ne pourrait réunir qu'un capital-actions insignifiant; 3 ou 4 000 francs seraient déjà un chiffre difficilement réalisable dans une commune; dans un canton, le chiffre croîtrait en proportion de l'étendue du canton et, par conséquent, du mouvement d'affaires de la Société.

Mais les déposants auront-ils une confiance aveugle dans une Société qui peut se trouver hors d'état de les rembourser, si elle subit des pertes absorbant son modeste capital, puisque ce capital souscrit est leur seule garantie.

Alors même que cette Société serait sagement administrée, son crédit, limité à la faible garantie de son capital, ne paraît pas tellement indiscutable que les capitalistes déposants ou les banquiers réescompteurs ne soient parfois amenés à se demander si tous les prêts de la Société sont bien solides, si le capital social n'est pas entamé, si les garanties sont entières, si la sécurité est complète.

Que la Société anonyme de crédit agricole ait à exécuter un débiteur insolvable — ou même que la défiance soit éveillée dans le public par le krak d'une autre banque de la ville voisine, — la Société pourra se trouver dans l'embarras, hors d'état de se procurer des ressources pour soigner le renouvellement des effets mis en circulation par elle, car elle n'offrirait que la garantie restreinte de son modeste capital social, capital dont l'existence ne peut même pas être contrôlée par le public.

Au contraire, la Caisse rurale se rirait de ces difficultés, car, si elle a besoin de 10 000 francs, elle offre en garantie, non pas 2 ou 3 000 francs de capital-actions engagé dans des opérations dont le public ne peut apprécier la plus ou moins grande solidité, mais 2 ou 300 000 francs d'immeubles, situés dans la commune, et dont chacun connaît l'existence et la valeur.

b) Mais, s'il est évident que la responsabilité illimitée et solidaire des associés est avantageuse au crédit de la Société, ne peut-on pas craindre qu'elle soit une lourde charge pour les membres de la Caisse rurale?

Quand on étudie de près le mécanisme de la Caisse Raiffeisen, on voit qu'elle ne fait pas courir à ses membres des risques dangereux.

Tout d'abord, remarquons que les bonis réalisés par la Société ne sont pas répartis entre les associés ni entre les administrateurs : personne n'a donc intérêt à ce que la Caisse fasse beaucoup de bénéfices, ce qui exigerait beaucoup d'affaires; or, quand on veut faire beaucoup d'affaires, on risque bien de faire quelques mauvaises affaires.

Et, d'autre part, si personne n'a intérêt à ce que la Caisse rurale développe démesurément ses opérations, tous ont intérêt à ce qu'elle ne fasse que des opérations très sûres, puisque les pertes seraient supportées solidairement par tous les associés.

Sans doute, dans la plupart des Sociétés anonymes de crédit agricole françaises, la répartition des bénéfices est réglée de telle sorte que les tentations de spéculation ne soient pas bien dangereuses. Mais la limitation de la responsabilité des associés à une part sociale minime, qui n'est souvent que de 25 francs, permet aux associés d'accepter avec plus d'indifférence des opérations peu sûres et insuffisamment garanties.

Dans la Caisse rurale, au contraire, chacun a un intérêt trop direct à la bonne gestion des affaires sociales; chacun multiplie ses efforts pour éviter à la Caisse une opération imprudente ou dangereuse.

Or, il est très facile aux administrateurs de la Caisse rurale d'éviter toute perte.

D'abord, ils ne prêtent qu'en vue d'emplois déterminés, jugés utiles et contrôlés : ils s'assurent que l'argent avancé par la Caisse est réellement affecté à un usage rémunérateur : c'est déjà une garantie sérieuse.

D'autre part, la Caisse renferme ses opérations dans la commune; elle ne prête qu'à des habitants du village qui y sont bien connus et dont toutes les affaires se passent au grand jour. Il ne s'agit pas de commerçants qui peuvent être ruinés par des spéculations insoupçonnées et dont la situation ne peut être contrôlée sûrement. Il s'agit d'agriculteurs, dont chacun connaît les terres, dont le bétail va aux champs sous les yeux de tout le monde, dont les récoltes, bonnes ou mauvaises, poussent à la vue du public.

Et il est d'autant plus facile aux administrateurs de la Caisse d'être parfaitement renseignés sur la valeur d'un emprunteur, qu'ils sont certains de trouver des renseignements sincères chez ses voisins, membres de la Caisse rurale et responsables des pertes qu'un emprunteur douteux leur ferait subir. Serait-on sûr de trouver la même sincérité chez un voisin qui, dans une Société de crédit anonyme, ne risquerait qu'une part sociale de 25 francs? N'aurait-il pas parfois la tentation de rendre service à son voisin, en lui facilitant un emprunt mal garanti? Il risquerait si peu de chose et se ferait ainsi un ami à bon compte!

Et, non seulement, les administrateurs sont bien renseignés sur la valeur de l'emprunteur, mais ils lui donnent un surveillant, bienveillant sans doute, mais intéressé à ce qu'il fasse honneur à sa signature. Ce surveillant, c'est la caution qui veillera avec soin à ce que l'emprunteur se mette en mesure de se libérer et ne lui laisse pas le fardeau de sa dette.

Enfin, il faut tenir compte d'un élément moral. Tel cultivateur, dont les affaires seraient embarrassées, pourra peut-être ne pas payer son propriétaire ou un de ses créanciers, il hésitera toujours à faire subir une perte à la Caisse rurale, c'est-à-dire à un nombre considérable de camarades, de voisins et d'amis, presque aussi peu fortunés que lui. Il sait fort bien qu'il lui serait impossible de vivre au milieu des rancunes qu'il aurait amoncelées; il ne pourrait plus traverser une rue du village sans rencontrer un des hommes à qui il aurait fait tort. Aussi a-t-on vu plus d'une fois le débiteur de la Caisse rurale, menacé d'une saisie par un autre créancier, réunir toutes ses ressources pour s'acquitter vis-à-vis de la Caisse avant la saisie, afin d'éviter que la Caisse ne soit prise dans sa déconfiture.

c) Il résulte de ce qui précède que les pertes, sans être mathématiquement impossibles, doivent être extrêmement rares dans la Caisse rurale. Cela est si vrai que, sur un mouvement de fonds dépassant en treize ans 50 millions de francs, il n'y a qu'un reliquat de créances douteuses ou arriérées de 3 489 francs : résultat inouï dans l'histoire financière.

Et les cas où il a été nécessaire de faire appel à la caution pour payer au lieu et place du débiteur ont été exceptionnellement rares.

Mais supposons, par impossible, qu'une créance devienne irrécouvrable, le Conseil d'administration s'est trompé malgré son extrême prudence : le débiteur est insolvable.

Il se retourne contre la caution; elle est insolvable aussi : il est bien extraordinaire que le Conseil d'administration se soit trompé deux fois dans la même affaire, mais acceptons cette hypothèse.

La créance était, par exemple, de 500 francs, ce qui est déjà une somme pour nos Caisses rurales, surtout lorsqu'il s'agit d'un prêt à un homme qui ne devait vraisemblablement pas inspirer une confiance absolue. Le débiteur est insolvable, mais on touchera bien quelque chose, par exemple 100 francs.

La caution est insolvable, mais on pourra bien en tirer aussi un acompte : mettons encore 100 francs.

Il reste donc une perte nette de 300 francs. Mais comme la Caisse accumule tous ses bonis dans la réserve, cette réserve a pris un certain développement : elle sera employée à couvrir cette perte de 300 francs.

Mais, mettons les choses au pire : la perte se produit pendant les premières années du fonctionnement de la Caisse, alors que la réserve n'atteint encore qu'une somme insuffisante; comment fera-t-on?

La Caisse continuera à fonctionner comme s'il ne lui était rien arrivé; elle sera, naturellement, un peu plus prudente et circonspecte, mais, sous cette réserve, elle poursuivra ses opérations de manière à réaliser pendant les années suivantes un boni qui couvrira peu à peu le déficit.

Supposons, par exemple, le bilan suivant :

La Caisse avait emprunté 10 000 francs, voilà son passif.

Elle possédait en créances ou en argent comptant 10 100 francs, voilà son actif. Sa réserve se composait donc de l'excédent de l'actif sur le passif, soit 100 francs.

Elle éprouve une perte de 300 francs qui réduit son actif à 9 800 francs, d'où un déficit de 200 francs. Eh bien, si, chaque année, elle peut réaliser 75 francs de bonis, ce qui ne représenterait que 3/4 °/₀ de bénéfice moyen sur ses opérations, il lui faudra moins de trois ans pour rétablir l'équilibre de son bilan, sans faire appel aux contributions de ses membres.

Quel obstacle s'opposerait donc à ce qu'elle procède ainsi? Sera-t-elle gênée pour continuer ses opérations? Trouvera-t-elle plus de difficultés à se procurer des dépôts à bon compte? Nullement.

Sans doute, le public ne manquera pas d'apprendre que la Caisse rurale a perdu 300 francs. Et il est bien possible qu'on suppose plus ou moins charitablement qu'elle a d'autres créances compromises; mais qu'est-ce que cela fait aux prêteurs de la Caisse? Ils peuvent bien supposer, si cela leur plaît, que toutes les créances de la Caisse sont mauvaises et qu'elle a perdu 10 000 francs, quelque invraisemblable que cela soit; ils ne sont pas inquiets pour si peu, puisqu'ils savent pertinemment que les biens des associés, qui forment leur garantie, valent cinquante, cent fois plus que la Caisse ne doit. Que leur importerait que la Caisse ait perdu 10 000 francs puisqu'elle leur offre encore une garantie de 3 ou 400 000 francs !

Il en serait tout différemment d'une Société anonyme ; supposons-lui les mêmes bilans et la même perte ; le public apprend qu'elle n'a pu se faire payer par un débiteur insolvable : de là à craindre qu'elle ait d'autres débiteurs également insolvables, il n'y a qu'un pas. Or, son capital-actions, seule garantie des créanciers de la Société, ne leur donne pas une sécurité absolue qui défie toute discussion : il représente peut-être le dixième des obligations de la Société, au lieu d'en représenter le centuple. Pour garantir 10 000 francs de dépôts, la Société a un capital-actions de 2 000 francs et non une responsabilité solidaire valant 200 000 francs. Si elle perd le quart de ses prêts, elle ne peut plus payer intégralement ses créanciers, tandis que la Caisse rurale pourrait les payer vingt fois, alors même qu'elle aurait tout perdu.

Aussi, la Caisse rurale pourra continuer tranquillement ses opérations, malgré une perte connue du public, et elle réparera peu à peu la brèche faite à son actif.

Tandis que la Société anonyme se verrait harcelée par ses déposants inquiets, et ne trouverait peut-être plus de banquiers confiants pour lui procurer des ressources en réescomptant son portefeuille : elle serait acculée à une liquidation désastreuse.

d) Il n'est pas douteux que la Caisse rurale, ainsi comprise, ne fait courir aucun danger, ni à ses créanciers, ni à ses membres.

Néanmoins, certaines personnes pourraient se laisser effrayer par le mot *responsabilité illimitée*. Il est bon de regarder de près cet épouvantail, pour en constater le néant.

La responsabilité illimitée n'est autre chose que la responsabilité ordinaire de tout débiteur quelconque. Quand j'emprunte 500 francs, ma responsabilité est illimitée, en ce sens que tous mes biens, indistinctement et sans réserve, garantissent le remboursement de cet emprunt, tandis que, dans une Société à responsabilité limitée, les créanciers ne peuvent pas se faire payer sur tous les biens des associés, mais seulement sur le capital souscrit par eux, et qui devient distinct du reste de leur patrimoine. C'est en ce sens que la responsabilité des membres de la Caisse rurale est illimitée ; mais, en fait, elle est renfermée dans des limites précises et étroites.

Quand la Caisse a emprunté 10 000 francs, tous les associés sont solidairement responsables sur tous leurs biens, sans réserve ni exception, mais ils ne sont responsables que de ces 10 000 francs et de leurs intérêts; on ne peut pas leur réclamer plus que la Caisse ne doit.

Par conséquent, les membres de la Caisse rurale ne sont jamais responsables que d'une somme limitée, dont ils fixent eux-mêmes le maximum par décision de l'Assemblée générale.

Quand j'entre dans une Caisse rurale dont l'Assemblée générale a décidé que ses engagements ne dépasseront pas 10 000 francs, je sais que j'encours une responsabilité maximum de 10 000 francs, en supposant que la Caisse ne fasse que de mauvaises opérations.

Et si, l'année suivante, l'Assemblée générale porte ce maximum à 20 000 francs, si j'estime que ma responsabilité devient trop lourde, je n'ai qu'à donner ma démission, et, par là, j'échappe à la responsabilité des opérations faites après ma démission; je ne reste responsable que des opérations faites avant l'élévation du maximum de 10 à 20 000 francs.

La responsabilité n'est donc pas illimitée pour les associés, qui savent exactement dans quelle mesure la Caisse peut les engager. Elle n'est illimitée qu'à l'égard des prêteurs, à qui les associés disent : « Ne vous inquiétez pas du chiffre de nos opérations ; quel qu'il soit, nous sommes là pour en répondre. »

La responsabilité illimitée est une garantie offerte au public qui traite avec la Caisse rurale; mais la Caisse limite sa responsabilité, puisqu'elle ne fait que des opérations limitées.

Où donc est le danger ?

En fait, nos statistiques montrent que les engagements pris par chaque Caisse sont minimes, relativement au nombre des membres.

La plus récente, celle de l'exercice 1905, donne:

Nombre des membres : 16 580.

Passif : 5 215 418 francs.

Soit en moyenne, pour chaque membre, une responsabilité de moins de 315 francs.

Et, en réalité, le risque est infiniment moindre, car la responsabilité n'est en jeu qu'en cas de pertes, et proportionnellement aux pertes, qui ne représenteraient jamais qu'une petite partie des opérations de la Caisse.

Sans doute, les associés sont responsables solidairement, et, par conséquent, un créancier a le droit d'assigner un seul membre de la Caisse, pour lui demander, non pas sa part de dette, mais la totalité des dettes de la Caisse; là encore, il n'y a

aucun danger, car il suffit à l'associé poursuivi individuelle-
ment de mettre la Caisse en cause par un appel en garantie :
une simple formalité évite donc à l'associé les ennuis que pourrait lui occasionner une poursuite individuelle.

Voilà, pratiquement, à quoi se réduit, vis-à-vis des associés,
cette responsabilité illimitée, qui donne une si grande puissance
à la Caisse rurale.

IV

La Caisse rurale est donc à la fois une Société solide, jouissant
d'un crédit indiscuté, fonctionnant facilement, accordant à ses
membres des prêts à longue échéance et, cependant, ne leur
faisant courir aucun danger sérieux. Elle se recommande ainsi
à l'attention des agriculteurs, comme le meilleur, le seul efficace
moyen d'organiser le crédit dans les campagnes.

Mais elle a aussi une action sociale, une influence moralisatrice qui lui méritent la sympathie et le concours de tous les
hommes de bien.

Elle a une action sociale, parce qu'elle habitue ses membres
à sortir du froid individualisme, pour mettre leurs efforts en
commun dans l'intérêt général. Sans doute, toute association
professionnelle présente dans une certaine mesure le même
avantage : mais aucune autre n'impose à ses membres un lien
pécuniaire aussi strict, et par conséquent ne leur demande de
faire un aussi grand sacrifice de leur égoïsme naturel.

La Caisse rurale a une action sociale, parce qu'elle habitue
ses membres à prendre les initiatives et les responsabilités de
l'administration d'une affaire positive. La Caisse rurale est, en
effet, une des rares associations dont l'administration soit assez
simple, au point de vue technique, pour être confiée réellement
à des travailleurs, et dont, cependant, la gestion exige une
attention continue, une étude des besoins locaux, une grande
expérience des hommes. Il est bien évident que les agriculteurs
qui se seront donnés avec dévouement à la direction de la Caisse
rurale auront bien vite acquis des qualités d'initiative, de
réflexion, d'administration qui en feront des hommes capables
de se rendre utiles.

La Caisse rurale a une action sociale, car elle donne aux agriculteurs l'esprit d'indépendance. En effet, par la solidarité de
ses membres, par les garanties de premier ordre qu'elle offre
aux prêteurs, elle trouve toujours à bon compte l'argent nécessaire à son fonctionnement. Elle n'a *aucun avantage* à recevoir

les secours de l'Etat (voyez IIIe partie, p. 54), et, par conséquent, ses membres apprennent à compter sur eux seuls, sur
leur union et leur initiative, et ils n'ont pas la tentation de solliciter les faveurs officielles et de rechercher la protection de ceux
qui en disposent.

La Caisse rurale a une action sociale et morale, parce que
tous les associés, étant solidairement responsables des pertes que
la Société peut éprouver, s'efforcent de s'entr'aider mutuellement, pour éviter à chacun d'entre eux des malheurs ou des
pertes qui pourraient le rendre moins solvable et compromettre
ainsi l'actif de la Société. Cet appui fraternel que se prêtent les
membres de la Caisse n'est pas un facteur négligeable pour la
bonne harmonie et la paix sociale.

La Caisse rurale a une action morale, parce que ses membres,
gens prudents et expérimentés, ne voulant pas s'exposer à des
pertes, n'admettent dans la Société que les hommes qui leur
présentent des garanties de premier ordre; or, la meilleure des
garanties, les paysans le savent bien, ce n'est pas la fortune,
c'est la valeur morale de l'individu.

Qu'importe qu'un homme soit riche, s'il n'a ni bonne conduite, ni tempérance, ni économie, ni amour du travail? Ne
sait-on pas que le débauché, le joueur, l'ivrogne, le paresseux
sont sur le chemin de la ruine, tandis que l'homme laborieux et
honnête mérite confiance, parce qu'à force d'efforts et de travail
il finit toujours par faire honneur à ses engagements?

Sans doute, la Caisse rurale ne prêtera pas de grosses sommes
à un homme qui ne possède rien; elle ne lui accordera qu'un
crédit limité, qui lui aidera à réaliser quelques petites économies, lesquelles, à leur tour, lui permettront d'étendre ses
affaires. La Caisse rurale aidera ainsi l'homme pauvre et honnête
à s'élever progressivement dans l'échelle sociale.

Mais elle refuse catégoriquement tout crédit à l'homme, même
riche, qui ne présente pas les garanties morales sans lesquelles
il n'y a pas d'honnêteté solide. Aussi, la Caisse rurale ne tarde
pas à réunir l'élite de la population; et, comme elle écarte impi-
toyablement les hommes qui ne méritent pas l'estime et le res-
pect, c'est un titre d'honneur d'être admis dans son sein.

Et il arrive assez souvent que des hommes corrigent leurs
défauts et améliorent leur conduite, pour mériter d'être admis
dans la Caisse rurale, d'où ils espèrent honneur et profit. Mais
surtout, les associés qui sont déjà des hommes honnêtes et esti-
mables subissent l'influence du milieu et deviennent meilleurs
par leur fréquentation mutuelle.

Enfin, la Caisse rurale a une action morale, parce que les hommes qui la dirigent et qui exercent ainsi une influence sur leurs associés sont nécessairement choisis, non pas toujours parmi les plus riches, mais certainement parmi les plus honorables et les plus dignes de l'estime générale. Les paysans peuvent parfois accorder leur confiance politique à des hommes qui ne leur présentent pas des garanties morales suffisantes, mais, quand il s'agit de leur bourse, quand il s'agit de donner à des administrateurs une signature sociale qui engage la fortune entière des associés, on peut être sûr qu'ils ne la confieront qu'à des hommes qui leur donnent une complète et absolue sécurité.

Aussi n'est-il pas étonnant que partout où les Caisses rurales se sont implantées, sur les divers points de l'Europe, elles aient obtenu le concours de tous ceux qui veulent travailler spécialement au progrès moral des populations agricoles et qu'elles aient été particulièrement encouragées par le clergé et par les hommes qu'anime un mobile religieux.

C'était bien naturel de la part d'hommes qui croient — comme l'auteur de ces lignes — que la religion et la morale sont si intimement unies, que tout ce qui profite réellement à l'une profite également à l'autre.

DEUXIÈME PARTIE

LA CAISSE OUVRIÈRE OU MIXTE

La Caisse rurale est merveilleusement adaptée aux besoins des classes agricoles. N'est-il pas possible de rendre les mêmes services, par les mêmes moyens et d'après les mêmes principes, aux populations urbaines? Dans quelle mesure et sous quelles conditions peut-on créer des Caisses Raiffeisen dans les villes? C'est ce que se sont demandé les initiateurs des Caisses ouvrières.

I

Le milieu dans lequel opèrent les Caisses ouvrières est absolument différent de celui des Caisses rurales ; les besoins sont autres et les ressources aussi.

Dans les campagnes, la Caisse rurale fonctionne au milieu d'une population stable, homogène, se connaissant bien. Elle prête toujours pour un usage productif, car elle ne prête qu'à des gens qui travaillent pour leur compte comme propriétaires, fermiers ou métayers, et qui, ayant la charge d'une exploitation, empruntent pour les besoins de cette exploitation.

Dans les villes, la Caisse peut s'adresser à deux catégories de personnes : ou bien à des ouvriers salariés qui n'ont pas besoin d'avances pour leur travail et qui, par conséquent, n'empruntent que pour leur consommation, ou bien à des petits patrons, à des artisans autonomes, travaillant à leur compte et demandant du crédit pour l'employer à l'exercice de leur profession.

Ces deux catégories d'emprunteurs doivent être examinées séparément.

a) Les petits patrons, les artisans autonomes empruntent pour un emploi de production : Si l'emprunt est fait à propos, s'il est employé avec intelligence, il accroît les ressources de l'emprunteur, il multiplie ses bénéfices et il le met à même de rembourser le prêteur, tout en laissant un boni aux mains de l'emprunteur.

Dans ces conditions, il s'agit d'un crédit normal, justifié; on comprend que l'emprunteur y recoure pour augmenter ses moyens de production, pour compléter son outillage, pour se fournir de matières premières, pour se mettre en mesure de prendre une entreprise ou de soumissionner des travaux.

Mais, s'il est logique que cet artisan recoure au crédit, est-il utile que ce crédit lui soit ouvert par une Caisse Raiffeisen? Et cette Caisse ne court-elle pas quelques dangers?

Une distinction s'impose.

S'agit-il d'un industriel ou d'un commerçant dont les affaires se traitent suivant les usages et les habitudes commerciales? S'agit-il d'un petit patron qui est obligé de mettre en circulation des effets de commerce et qui emploie les mêmes procédés d'échange et de crédit que les commerçants ou industriels plus puissants? Dans ce cas, la Caisse Raiffeisen ne peut pas intervenir utilement. Elle n'est pas outillée pour faire la circulation du papier commercial, et, eût-elle une administration compétente, elle ne serait pas dans les conditions financières nécessaires pour entreprendre ces opérations.

Ne possédant dans son portefeuille que des effets portant des signatures peu appréciées en banque par suite de leur défaut de notoriété, elle pourrait difficilement compter sur le réescompte d'une autre banque. Elle ne pourrait donc pas supporter la concurrence des banquiers ordinaires, et, par la force des choses, elle finirait par ne recueillir que la clientèle de troisième ordre, celle qui aurait été rebutée par les banques commerciales.

Il y aurait donc grave imprudence à vouloir faire de la Caisse Raiffeisen une sorte de banque populaire à l'usage des petits commerçants qui ont besoin de faire de véritables opérations de banque et d'escompte.

Mais si l'on descend un degré de l'échelle sociale, on trouve alors des artisans dans une situation beaucoup plus modeste; et ceux-là, précisément à raison de la modestie de leur situation, offrent aux Caisses Raiffeisen une clientèle beaucoup plus sûre.

Ce ne sont plus des commerçants recourant à la banque pour se créer par le crédit un fonds de roulement continu. Ce sont des travailleurs qui ont besoin d'une petite avance pour un temps plus ou moins long, afin de se munir d'outils ou de se procurer quelques matières premières. C'est l'ouvrière en chambre qui veut acheter une machine à coudre, c'est le tailleur à façon qui voudrait avoir quelques étoffes pour les faire choisir à ses clients, c'est le petit cordonnier qui a besoin de quelques cuirs, c'est le marchand des quatre-saisons qui désirerait quelques avances pour acheter plus avantageusement un lot à la criée, etc.

Que ces crédits soient utiles, avantageux, productifs, c'est indiscutable. Que ces emprunteurs soient honnêtes, laborieux, économes et, par conséquent, solvables dans la limite du modeste prêt qui leur sera accordé, c'est possible, et on peut s'en assurer en examinant leur situation et en appréciant les garanties morales qu'ils présentent.

D'autre part, ils ne peuvent pas s'adresser à une banque commerciale, car l'opération qu'ils veulent faire ne rentre nullement dans le cadre des affaires de banque. Ils ne demandent pas l'escompte d'un effet représentant une transaction commerciale et portant les deux signatures des contractants, ils demandent une avance directe et personnelle. Une banque sérieuse n'acceptera jamais une pareille affaire, alors même que l'obscurité de l'emprunteur ne serait pas, à elle seule, un obstacle péremptoire. Une banque commerciale fait le commerce du papier commercial, elle ne peut pas, elle ne doit pas accorder un crédit purement personnel qui n'est pas la mobilisation d'une affaire en cours.

Or, précisément, c'est là le rôle que peut très bien remplir la Caisse Raiffeisen, parce que, si elle n'est pas outillée pour la circulation du papier de banque, elle est admirablement apte à apprécier la valeur personnelle de ses humbles clients, puisque, par la solidarité qui unit tous ses membres, elle forme comme une sorte de grande famille où tout le monde se connaît, se fréquente et se juge.

b) Les ouvriers proprement dits, qui vivent de leur salaire, n'empruntent pas pour les besoins de leur profession : le maître qui les emploie leur fournit l'outil et la matière première.

Leurs emprunts ne sont donc pas destinés à un emploi de production ; l'argent emprunté par l'ouvrier salarié ne sert pas à créer un produit dont la valeur servira à rembourser le prêteur (sauf, bien entendu, le cas où l'ouvrier emprunterait pour un travail qu'il ferait à son compte à ses moments perdus, comme le font les membres de la Caisse rurale annexée aux jardins ouvriers de Saint-Etienne).

Dans ces conditions, on pourrait se demander si l'emprunt est réellement utile à l'ouvrier, et si le salarié, qui n'a pu se suffire avec ses salaires passés, pourra prélever sur ses salaires futurs la somme nécessaire au remboursement.

A première vue, on pourrait donc être tenté de considérer le prêt au salarié comme une imprudence et comme un encouragement à l'imprévoyance.

Ce serait une exagération : sans doute, les prêts aux salariés ne doivent être ni fréquents ni considérables; mais il y a une foule de circonstances où ces prêts sont utiles, justifiés, et, par conséquent, sans dangers, puisqu'ils permettent à l'emprunteur de réaliser, soit un bénéfice, soit une économie.

Il est impossible d'analyser ici tous les cas qui peuvent se présenter; mais il est facile de donner quelques exemples.

Un ouvrier, ne disposant pas d'avances suffisantes, est obligé d'acheter son charbon à l'hectolitre, son vin à la bouteille, ses pommes de terre au kilo. Tout cela lui revient beaucoup plus cher que s'il s'approvisionnait en demi-gros. Ne serait-ce pas lui faire réaliser une économie importante que de lui avancer la somme nécessaire pour acheter un hectolitre de vin, cent kilos de pommes de terre, etc.? C'est un emprunt de consommation et non de production, c'est vrai; mais c'est un emprunt qui lui permettra d'économiser 20 % sur le prix d'achat. Du reste, cet emprunt, qui grève les salaires futurs, ne leur impose qu'une charge qu'ils auraient dû naturellement supporter, puisqu'il se réfère à une consommation future aussi. Les salaires qui solderont l'emprunt se gagneront pendant la période où seront consommées les denrées achetées en gros.

Un ouvrier travaille dans une usine située dans un quartier où les logements sont chers. N'est-ce pas lui faire réaliser une importante économie que de lui avancer l'argent nécessaire pour acheter une bicyclette? Grâce à elle, il pourra louer pour lui et sa famille un logement plus sain et meilleur marché, dans un quartier éloigné; et il pourra aller prendre tous ses repas chez lui, en famille, au lieu d'être obligé de les prendre, faute de temps, dans un cabaret voisin de l'usine, où il payerait plus cher une nourriture moins bonne dans un milieu moins moral.

Et combien d'autres cas intéressants peuvent se présenter, sans compter celui — trop fréquent, hélas! mais où la prudence est le plus nécessaire — où un ouvrier ayant perdu toutes ses avances par suite de maladie ou de chômage a besoin d'une petite somme pour attendre la prochaine paye (il va sans dire que, dans cette hypothèse, on ne peut jamais *prêter* qu'à l'ouvrier qui a trouvé du travail, et qui est par conséquent en mesure de faire des recettes qui amortiront sa dette; s'il est encore malade ou sans travail, le prêt qui lui serait fait ne serait qu'une aumône déguisée; elle ne pourrait lui être accordée que sur les fonds de charité et non sur les capitaux d'une Caisse de crédit mutuel).

Ces observations montrent que le crédit aux ouvriers qui ne

vivent que de leurs salaires est souvent justifié par une utilité légitime et garanti par le bénéfice qu'en retire l'emprunteur sous forme d'économie. Mais, d'une manière générale, ces prêts ouvriers de pure consommation ne doivent et ne peuvent porter que sur des chiffres minimes; ils ont un caractère un peu exceptionnel et accidentel.

Par conséquent, la Caisse Raiffeisen doit, dans les villes, ou bien s'adresser plus particulièrement aux petits artisans travaillant à leur compte, ou bien réunir un nombre important d'ouvriers salariés, qui multiplie les occasions d'opérations utiles.

Une Caisse ouvrière qui n'a pour associés que des ouvriers salariés ne peut donc, en aucun cas, arriver à un très gros chiffre d'affaires; mais les services qu'elle rend sont bien plus considérables que ne pourrait le faire croire à première vue la modestie de son mouvement de fonds. Il faut avoir vécu dans les milieux ouvriers, dans l'intimité des humbles foyers, pour comprendre l'importance pratique d'une avance de 50 francs, au moment opportun, pour permettre un achat de provisions à bon marché, pour faciliter une location avantageuse par le payement anticipé du terme, pour aider à trouver un emploi pour lequel il est nécessaire de déposer un petit cautionnement, pour permettre d'acheter les outils et fournitures pour un travail à façon et pour cent autres usages aussi utiles.

En règle générale, la Caisse ouvrière a avantage à réunir les deux genres de clientèles: artisans autonomes et ouvriers salariés.

Voici, à titre d'exemple, le relevé des opérations d'une Caisse ouvrière du Nord-Est de la France, pendant son premier trimestre de fonctionnement :

	Fr.	C.
Pour achat de fournitures...	164	»
Pour retrait de mobilier...	60	»
Pour achat de planches et de meubles...........................	500	»
Pour achat de fournitures...	257	05
Pour payement comptant de machine à coudre................	146	»
Pour achat de meubles..	450	»
Pour petit commerce de fleurs.......................................	50	»
Pour achat de petite voiture..	100	»
Pour achat de charbon..	31	40
Pour achat de charbon..	31	40
Pour aménagement de maison.......................................	300	»
Pour achat de charbon..	11	»
Pour achat de charbon..	32	»
Pour achat de fournitures (cuir)....................................	198	35
Pour éviter des frais et payer comptant.........................	18	»
TOTAL...	2 079	20

Si la Caisse ouvrière n'est pas une œuvre qui puisse devenir très puissante et soutenir par ses bilans la comparaison avec les banques commerciales, elle est, du moins, une œuvre qui peut rendre les plus signalés services à ses modestes clients, elle est une œuvre qui peut soulager bien des misères, sécher bien des pleurs; et cela suffit à l'ambition des hommes de cœur qui lui donnent leur dévouement.

II

Il est cependant un genre d'opération qui peut donner à la Caisse ouvrière un champ beaucoup plus vaste : c'est le prêt pour construction d'habitations ouvrières.

Les ouvriers économes et rangés souffrent souvent d'être obligés d'habiter des logements incommodes, insalubres, et dont le loyer est relativement cher. Ils se rendent compte que les propriétaires de logements ouvriers sont obligés de tenir les prix à raison des pertes fréquentes qu'ils éprouvent avec ceux de leurs locataires qui ne sont pas travailleurs et honnêtes. De sorte que les bons payent pour les mauvais.

On peut assez facilement arriver, dans la plupart des villes, à trouver des terrains pas chers, sur lesquels des habitations saines, souvent entourées d'un petit jardin, pourraient être élevées par des ouvriers qui en deviendraient propriétaires, en quelques années, en ne payant comme amortissement que la somme qu'ils payent actuellement pour leurs loyers.

Mais ces ouvriers ne peuvent faire cette opération avec les seules économies qu'ils ont actuellement amassées : il faudrait qu'un prêteur obligeant les mette en mesure de construire leur maison, puisque c'est en l'habitant qu'ils pourront faire l'économie du loyer et, par cette économie, arriver à se libérer.

Certaines Caisses ouvrières se sont fondées exclusivement en vue de ce genre d'opération; d'autres font les opérations de prêts pour constructions ouvrières, concurremment avec les opérations courantes.

Ces opérations exigent certaines mesures de précautions :

1° La Caisse ouvrière ne doit jamais prêter la totalité du prix de revient de l'habitation : il faut qu'il y ait entre sa créance et la valeur *réalisable* de l'immeuble une marge très suffisante pour garantir la Caisse. Elle doit donc exiger que l'emprunteur justifie posséder des économies suffisantes pour payer comptant une partie des frais d'achat ou de construction;

2º Elle doit s'assurer de la valeur future de l'immeuble, par l'examen attentif du plan, et vérifier si les devis ont été établis de manière à ne ménager aucune surprise;

3º Elle doit s'assurer une garantie hypothécaire de premier rang;

4º Elle doit ne verser les fonds qu'au fur et à mesure de l'exécution des travaux, et généralement entre les mains des entrepreneurs eux-mêmes. Dans ce but, elle consent à l'emprunteur une *ouverture de crédit hypothécaire* qui lui permet de ne réaliser son prêt que par avances échelonnées;

5º Elle doit exiger que l'emprunteur contracte une assurance sur la vie, dont le bénéfice lui est délégué à due concurrence de sa créance; de la sorte, si le père de famille meurt avant d'avoir acquitté sa dette, sa veuve et ses enfants mineurs sont déchargés, ils conservent l'habitation franche et libre de toute dette, et touchent même la différence entre le capital assuré et le solde de l'emprunt.

Naturellement, la Caisse doit exiger que les primes d'assurances soient payées sous son contrôle et même par son intermédiaire, pour éviter que l'assurance ne puisse refuser de payer la Caisse ouvrière, en alléguant le non payement des primes.

La Caisse ouvrière qui fait des opérations de construction d'habitation peut éprouver des difficultés particulières qu'elle a le devoir de prévoir.

Elle immobilise les capitaux dans des opérations de très longue durée: il y a donc un certain danger à employer dans ces opérations des fonds qui pourraient lui être retirés à bref délai par les déposants. Elle doit donc viser, dans la mesure du possible, à recueillir des dépôts *à longue échéance*, dût-elle pour cela payer un intérêt un peu plus élevé.

Et, d'autre part, il faut bien remarquer qu'une Caisse ouvrière ne trouve pas des capitaux en ville aussi facilement qu'une Caisse rurale à la campagne : cela s'explique par ces faits :

1º Que les membres de la Caisse ouvrière n'ont pas en ville la même notoriété que des cultivateurs dans leur village, où tout le monde connaît leur champ, leur bétail, leur travail;

2º Que la Caisse ouvrière est entourée, en ville, d'institutions financières qui drainent l'épargne et les capitaux flottants, tandis que la Caisse rurale n'a pas de concurrents sérieux dans les campagnes.

Or, les Caisses ouvrières qui veulent faire des opérations de construction ont besoin de capitaux d'une certaine importance.

Il y a là pour elles une difficulté sérieuse, qu'on surmonte cependant avec de la bonne volonté.

La loi du 30 novembre 1894 a accordé quelques privilèges peu importants aux Sociétés d'habitations à bon marché et des avantages plus sérieux aux personnes qui construisent ces maisons à leur usage personnel.

Les avantages concédés aux Sociétés de construction d'habitations à bon marché peuvent être obtenus par les Caisses ouvrières qui, par leurs statuts, se voueraient *exclusivement* aux opérations de constructions, non par les Caisses ouvrières qui feraient ces opérations concurremment avec les opérations courantes de crédit ouvrier. Mais ces avantages sont insignifiants.

Quant aux avantages concédés aux personnes qui construisent ces maisons pour leur habitation personnelle, ils sont plus importants; mais ils sont acquis à toute personne faisant une construction d'habitation à bon marché pour son usage propre, dans les conditions déterminées par la loi. Peu importe la nature de la Société qui a fourni les capitaux. Tous les clients des Caisses ouvrières peuvent donc bénéficier de ces avantages, à la condition, bien entendu, de remplir les autres conditions fixées par la loi.

III

La Caisse ouvrière ne diffère pas seulement de la Caisse rurale par la nature des besoins de crédit qu'elle est appelée à satisfaire, elle en diffère encore et surtout par le milieu dans lequel elle fonctionne.

A la campagne, le village forme une grande famille, où tout le monde se connaît parfaitement; ce n'est pas toujours une famille très unie, il y a souvent des divisions, des partis, des haines, mais personne n'est inconnu de ses compatriotes, les faits et gestes de chacun, ses goûts, ses habitudes sont observés, sa situation est connue et discutée. Il y a entre tous les habitants de la commune des rapports, des liens qui peuvent être moins que cordiaux, mais qui sont réels.

Dans les grandes villes, la population ne présente pas la même homogénéité. Dans la classe populaire surtout, il y a beaucoup de personnes qui s'ignorent mutuellement, et qui n'ont jamais l'occasion de se voir, de se connaître, d'entretenir des relations ensemble.

Et cependant, la Caisse Raiffeisen ne peut fonctionner avec

sécurité qu'autant que ses membres se connaissent et se sont choisis mutuellement : on ne peut faire accepter une solidarité à des gens qui n'ont pas pu juger l'honnêteté, la moralité, la probité, les qualités d'ordre et de travail des hommes avec qui on voudrait les associer.

On le peut d'autant moins que les ouvriers ne présentent pas, en général, les mêmes éléments de solvabilité que des agriculteurs qui possèdent du bétail, des instruments, des récoltes et souvent même des terres et des maisons.

Bien souvent, au contraire, l'ouvrier ne possède rien qu'un modeste mobilier qui est grevé du privilège du bailleur.

Il est donc indispensable que les membres de la Caisse ouvrière soient choisis avec soin parmi ceux qui, à défaut de garanties matérielles, présentent du moins des garanties morales extrêmement sérieuses.

Il est nécessaire, par conséquent, qu'ils soient recrutés dans un milieu où ils se connaissent parfaitement, dans un milieu qui puisse juger leurs qualités d'ordre, de probité et de travail ; il faut que les associés soient à même de se surveiller mutuellement, pour savoir si chacun des emprunteurs persévère dans ses habitudes laborieuses qui sont non seulement son honneur, mais aussi la principale garantie de la Caisse.

Aussi, dans une ville un peu importante, est-il impossible d'établir solidement une Caisse qui s'étende sur toute la population ouvrière ; il faut chercher un milieu plus restreint, un groupement plus intime, qui ait établi des relations plus fréquentes et plus étroites entre les futurs associés.

Tantôt la Caisse ouvrière se limite à un seul quartier, dont les habitants, tous voisins, se connaissent plus ou moins entre eux. Tantôt c'est la paroisse qui sert de base à la Caisse, grâce aux relations qui se sont établies entre les hommes qui fréquentent la même église et qui participent aux mêmes œuvres. Tantôt la Caisse s'établit entre ouvriers de la même usine, qui travaillent tous les jours ensemble, ou entre membres de la même profession, qu'unit un lien syndical, ou entre membres de la même Association, Cercle, Patronage, Société de secours mutuels, etc.

Mais, dans tous les cas, une grande ville, prise dans son ensemble, fournirait des éléments trop hétérogènes, trop étrangers les uns aux autres, pour pouvoir former une Société à responsabilité illimitée : il faut chercher un cercle plus intime et plus restreint, et, le plus souvent, ce cercle est fourni par la paroisse ou par le Syndicat professionnel.

IV

La charge des administrateurs de la Caisse ouvrière n'est pas une sinécure : elle exige un grand dévouement, une attention soutenue, une assiduité persévérante. Car, si la Caisse ouvrière ne manie pas de grosses sommes, elle a cependant une foule de détails à soigner.

Tout d'abord, les administrateurs doivent se renseigner très soigneusement sur la valeur morale de l'emprunteur et de sa caution, vérifier leurs habitudes d'ordre, de travail et d'économie, s'assurer que, si l'emprunteur sollicite une avance, ce n'est pas après avoir abusé de tout son crédit chez ses fournisseurs, en un mot, prendre toutes les précautions pour que le prêt soit accordé à un homme qui peut en retirer avantage et non pas à un prodigue, déjà perdu d. .lettes, et dont la situation est désespérée. En effet, la Caisse ouvrière n'est pas une œuvre d'assistance, elle ne fait pas l'aumône, elle fonctionne avec les épargnes qui lui sont confiées par ses membres, modestes ouvriers aussi intéressants que les emprunteurs. Elle ne doit donc pas risquer ses capitaux, mais ne les employer qu'avec la plus stricte prudence.

Puis, le prêt accordé, il faut faciliter la libération de l'emprunteur : et ce n'est pas là la mission la moins utile et la moins bienfaisante de la Caisse ouvrière.

Qu'un ouvrier contracte un emprunt de quelque importance au mont-de-piété, il y a bien des chances pour qu'il ne dégage jamais le gage qu'il lui a donné. Il lui faudrait, en effet, économiser une petite somme sur chaque paye et la mettre en réserve jusqu'au moment où l'accumulation de ces économies lui permettra d'acquitter complètement sa dette. Mais, avant d'avoir atteint ce but, que d'obstacles, que d'occasions de dépenses, que de tentations ; l'argent est là, dans son tiroir ; aura-t-il l'énergie de n'y jamais toucher ?

La Caisse ouvrière, elle, prévoit ces tentations et les combat : à chaque paye, l'ouvrier est obligé, par une clause du billet qu'il a souscrit, à verser à la Caisse une petite quote d'amortissement. A chaque paye, quand il vient de toucher son argent, quand le payement lui est moins dur, il est amené à pratiquer obligatoirement l'économie et la prévoyance. Quand il a versé son petit acompte de quinzaine, il a allégé sa charge et il n'a plus la tentation de dissiper son argent, qui aurait été bien exposé s'il était resté dans sa poche.

Ces acomptes si fréquents compliquent beaucoup le travail du comptable et la surveillance des administrateurs; mais, il faut bien le dire, c'est grâce à eux que les Caisses ouvrières parviennent à éviter les pertes, et c'est grâce à eux que les emprunteurs arrivent à se liquider. Et même, quand ils ont pris l'habitude de prélever sur leur paye une petite épargne, ils continuent bien facilement ce prélèvement; et alors qu'ils ont soldé toutes leurs dettes, ils deviennent déposants à leur tour.

V

La Caisse ouvrière est donc une œuvre vraiment utile; malgré la modestie de son bilan, elle exerce une action sociale des plus efficaces; elle récompense réellement les peines qu'elle coûte.

Néanmoins, comme elle demande un grand nombre d'adhérents pour arriver à faire des opérations relativement rares et modestes, il pourrait lui arriver dans certaines communes peu importantes, mi-rurales et mi-ouvrières, de n'avoir pas un courant d'affaires suffisant pour fonctionner sérieusement. Sans doute, de temps en temps, elle ferait quelques prêts, mais dans l'intervalle elle ne saurait que faire des disponibilités en Caisse; elle se trouverait gênée et aurait une vitalité insuffisante.

C'est pour parer à cet inconvénient qu'on a tenté d'établir des Caisses mixtes, à la fois rurales et ouvrières, et l'essai a été extrêmement satisfaisant. A l'étranger, on peut même dire que toutes les Caisses rurales sont mixtes, car elles ne font aucune différence entre les opérations agricoles et les autres.

Les statuts de la Caisse mixte disposent, comme ceux de la Caisse rurale, que les prêts ne sont accordés qu'en vue d'un emploi déterminé et jugé utile. Mais ils ajoutent que le Conseil d'aministration peut accorder des prêts en vue d'emplois non productifs, pourvu que chacun de ces prêts n'excède pas un maximum, qui est généralement de 50 ou de 100 francs.

Ainsi, la Caisse fonctionne comme une Caisse rurale, accordant des prêts de production sous les conditions ordinaires, et trouvant dans ces opérations un courant d'affaires suffisant pour lui donner la vitalité et l'activité nécessaires. Et quand les opérations de crédit ouvrier se présenteront dans des conditions favorables — ce qui est rare dans un milieu aussi restreint, — elle peut rendre les mêmes services qu'une Caisse ouvrière pure, alors que, dans cette commune où les éléments ouvriers sont peu nombreux, une Caisse ouvrière aurait eu bien de la peine à s'établir et à prospérer.

TROISIÈME PARTIE

LES CAISSES CENTRALES OU RÉGIONALES

La Caisse rurale n'éprouve aucune difficulté à se suffire et à trouver les capitaux dont elle a besoin, pourvu que ses administrateurs se donnent la peine de les chercher, au début surtout.

Il arrive fréquemment que les fondateurs d'une Caisse rurale hésitent à donner suite à leur projet, parce qu'ils sont convaincus qu'ils ne trouveront pas des dépôts suffisants. A la fin, ils se décident, en se disant : « Nous ne prêterons que ce que nous trouverons, l'avenir nous montrera si nous pouvons marcher. »

Et toujours, ils sont surpris par la facilité avec laquelle ils recueillent les fonds nécessaires, par la facilité avec laquelle ils en recueilleraient bien davantage s'ils en avaient besoin.

Quand une Caisse fonctionne depuis quelque temps — quand son organisation est bien comprise dans le pays, — les déposants viennent souvent spontanément offrir leur épargne, et c'est ainsi que nous voyons que, en Belgique, les Caisses rurales Raiffeisen ont reçu en dépôt environ le quadruple de ce qu'elles ont pu employer en prêts (3 millions de prêts, 12 millions de dépôts). Elles ont pu accepter ces dépôts dont elles n'avaient pas l'emploi, car elles ont la faculté de se décharger de leurs disponibilités à la Caisse d'épargne et de retraites de Belgique. En France, les Caisses rurales ne peuvent opérer ces dépôts à la Caisse d'épargne que dans la limite d'un livret : elles ne peuvent donc pas recevoir à guichet ouvert l'argent qu'on leur apporte, elles ne doivent pas se charger de fonds qui resteraient improductifs entre leurs mains.

Aussi, bien souvent, des personnes qui seraient heureuses de placer leurs fonds à la Caisse rurale hésitent-elles à les porter à cette Caisse, parce qu'elles ignorent si la Caisse en a l'emploi et est disposée à les recevoir.

Il faut donc, en général, que les administrateurs fassent connaître les besoins de la Caisse au fur et à mesure qu'ils se produisent ; il faut qu'ils offrent aux épargnistes locaux la bonne fortune d'un placement si sûr, lorsque l'occasion s'en présente.

Mais leurs démarches pour trouver des fonds sont aisées et toujours suivies de succès.

Chaque administrateur n'aurait pas de peine à trouver (en supposant la Caisse inexistante) des amis qui consentiraient à lui prêter une somme pour ses besoins personnels. Ne la trouvera-t-il pas encore plus facilement s'il leur dit :

« Si j'étais un peu gêné pour faire une affaire, vous me prêteriez. Or, je ne suis pas gêné du tout, ma solvabilité est donc meilleure : j'emprunte, non pour moi, mais pour la Caisse rurale dont la prospérité s'affirme par l'accroissement de ses affaires ; j'emprunte, non sous une seule signature, mais sous une signature sociale qui m'oblige personnellement et qui, en outre, oblige solidairement tous les associés, gens bien connus de vous, qui sont dans des situations de fortunes inégales, mais qui tous sont honnêtes et font honneur à leurs affaires. »

Et ces démarches n'ont rien d'ennuyeux pour les administrateurs.

Ils pourraient trouver dur d'aller frapper à la porte de leur voisin, si c'était pour solliciter un prêt pour eux personnellement, en sollicitant un service et en avouant qu'ils sont gênés dans leurs affaires.

Mais il en est tout autrement, quand ils cherchent de l'argent pour leur Caisse rurale ; ils n'accusent pas leur gêne personnelle, ils constatent avec orgueil que leur œuvre se développe, prospère et rend des services de plus en plus nombreux.

En fait, les Caisses rurales n'ont jamais manqué de fonds, même dans les pays pauvres ou pendant les crises économiques qui raréfient l'argent et le rendent timoré.

En Allemagne, au début de la guerre de 1870, alors que les populations des provinces rhénanes ne savaient pas encore de quel côté pencherait la victoire, les banques ordinaires voyaient leurs déposants effrayés retirer leurs fonds, et, pendant ce temps, les épargnistes apportaient en masse leurs capitaux à Raiffeisen, en le suppliant de les prendre, *même sans intérêts*, parce que, dans ces Caisses, du moins, la sécurité était absolue.

De même, l'Italie souffrait d'une terrible crise monétaire, lorsque Mgr Cerrutti établit ses premières *Casse rurale cattoliche* : au milieu de grands établissements de crédit qui manquaient de numéraires, les Caisses italiennes drainèrent sans effort tout ce qui leur était utile.

La solidarité des associés est une base inébranlable du crédit.

I

La facilité avec laquelle s'alimentent les Caisses rurales semble donc rendre inutile la création de Caisses spéciales chargées de leur fournir des capitaux.

Néanmoins, on s'est demandé, parfois, s'il ne serait pas avantageux de créer dans le département, dans la province ou dans une autre circonscription territoriale, une Caisse centrale appelée à rendre divers services d'ordre financier aux petites Caisses communales.

L'expérience a prouvé ce que le raisonnement faisait prévoir : une Caisse centrale, sévèrement administrée d'après des principes bien établis, rend des services certains ; mais, si elle s'écarte de ces principes, elle fait plus de mal que de bien et elle peut même compromettre la vitalité des Caisses rurales adhérentes.

Il est commode parfois aux administrateurs d'une Caisse rurale de pouvoir demander des fonds à la Caisse centrale, au lieu de se les procurer directement par des dépôts recueillis sur place. Et il est légitime d'user de cette commodité dans certains cas.

Ainsi, une Caisse rurale peut avoir besoin *brusquement* d'une somme relativement élevée : par exemple, une grande propriété est mise en vente au détail, de nombreux cultivateurs voudraient acheter des parcelles, et tous viennent en même temps faire appel à la Caisse rurale ; par exemple, encore, plusieurs déposants ont besoin simultanément de leur argent ; et il faut rapidement trouver d'autres bailleurs de fonds, etc.

Dans tous ces cas et autres analogues, la Caisse rurale trouverait certainement les capitaux dont elle a besoin : mais le peu de temps accordé aux administrateurs pour chercher ces capitaux leur imposerait des démarches peut-être trop multipliées et trop fatigantes et pourrait, d'autre part, les obliger à élever le taux de leurs emprunts pour décider plus aisément les prêteurs.

Il est bien évident qu'une Caisse centrale leur rendrait service si elle leur prêtait, même à un taux un peu plus élevé, une partie de ces capitaux.

Les administrateurs pourraient ainsi, sans se presser, faire face aux besoins urgents et prendraient leur temps pour trouver sur place des dépôts à taux normal, pour rembourser la Caisse centrale.

La situation inverse peut se produire : une Caisse rurale peut recevoir de gros remboursements dont elle n'aurait pas l'emploi. Il lui est difficile de rembourser ses déposants, qui apprécieraient peu un placement à la Caisse rurale, s'ils étaient exposés à des remboursements intempestifs. Cette Caisse serait donc très heureuse de pouvoir employer ses disponibilités en dépôts à la Caisse centrale.

La Caisse centrale devrait donc, rationnellement, être le *régulateur des dépôts*, l'intermédiaire par lequel les Caisses embarrassées d'argent peuvent faire passer leurs excédents aux Caisses qui en auraient l'emploi.

Quand la Caisse centrale se trouverait encombrée d'argent, elle serait contrainte de refuser de nouveaux dépôts. Si, au contraire, elle avait besoin d'argent, elle préviendrait les Caisses rurales voisines, qui, moyennant une prime d'intérêt de 1/4 % s'empresserait de recueillir les fonds qu'on leur offre et de les faire parvenir à la centrale. Cette aide mutuelle de la centrale et des Caisses rurales locales fonctionne parfaitement et très simplement.

Mais il est facile à comprendre que, dans ces conditions, la Caisse centrale doit faire relativement peu d'affaires.

Les Caisses locales trouvent actuellement des fonds en moyenne à 3 %. Elles déposeront leurs excédents à 2 3/4 ou 3 %, quand elles en seront embarrassées : si elles apportent des fonds *à la demande de la Caisse centrale*, ils devront leur être payés 3 1/4. Par conséquent, la Caisse centrale ne pourra prêter qu'à 3 1/2 ou 3 3/4. Il en résultera que les Caisses locales pouvant trouver sur place des dépôts à 3 % recourront *le moins possible* à la Caisse centrale.

En fait, quand une Caisse locale est ainsi poussée par la différence des taux à chercher à se suffire, elle réussit toujours sans peine à ne demander à la Caisse centrale que des sommes limitées, pour un temps relativement court, de sorte qu'elle n'est pas obligée d'élever le taux imposé à ses emprunteurs.

En général, nos Caisses rurales empruntent à 3 et prêtent à 4 % ; si une Caisse était obligée d'emprunter pendant six mois à la Caisse centrale la moitié de ses fonds à 3 1/2, il en résulterait simplement que l'ensemble des fonds dont elle a disposé pendant l'année lui reviendrait à 3 1/8 (3,125 %), elle continuerait donc à prêter à 4 % : seulement sa réserve s'accroîtrait moins vite.

II

Il est très important que les Caisses centrales se renferment dans ces limites, et ne se considèrent que comme une institution destinée à parer temporairement à des difficultés accidentelles.

Il est très important que sans refuser aux Caisses rurales une aide qui est leur raison d'être, elles ne l'accordent qu'avec mesure, en faisant payer assez cher leur concours, *de manière à pousser les Caisses rurales à faire tous leurs efforts pour se suffire.*

La Caisse rurale, comme toute autre institution financière, n'est solide et viable qu'autant qu'elle peut, par ses propres forces, se procurer les ressources qui lui sont nécessaires. Les banques sérieuses attirent les dépôts, de manière à ne recourir à la Banque de France que pour une très petite partie de leur portefeuille et pour un temps très court. La Caisse rurale ne peut pas se soustraire aux règles générales de la science financière ; elle a à choisir entre deux alternatives : ou bien se créer une clientèle de déposants, ou bien n'être qu'une Société de crédit factice, sans autonomie, sans solidité, et dont l'existence est à la merci de la bienveillance d'un établissement supérieur.

La Caisse centrale affaiblirait donc les Caisses rurales, si elle les poussait à recourir à elle sans utilité, et notamment si elle leur offrait des capitaux au prix où les Caisses rurales pourraient en trouver sur place.

On comprend que des administrateurs de Caisses rurales, à qui une Caisse centrale offrirait des fonds à 3 %, soient tentés de les prendre, au lieu de se donner la peine de chercher des déposants : il leur suffit d'écrire une lettre à la Caisse centrale pour recevoir l'argent, au lieu de faire des démarches dans la commune pour provoquer les dépôts. La paresse y trouve son compte, mais la Caisse rurale y perd sa vitalité.

Qu'arriverait-il, en effet, si, pour une cause quelconque, la Caisse centrale ne pouvait continuer son crédit ? Qu'arriverait-il, si le développement des affaires des Caisses rurales affiliées exigeait des sommes croissantes que la centrale ne pourrait se procurer ?

Il est aisé de le comprendre : toutes ces Caisses rurales se trouveraient dans le plus grand embarras : car il ne leur serait pas facile de trouver du jour au lendemain une clientèle de déposants, après l'avoir négligée pendant des années.

Vous fondez une Caisse rurale : dès le premier jour, vous dites dans la commune qu'elle doit fonctionner avec les dépôts qu'elle recueille. Plus vous en demanderez, plus vous en trouverez, parce que tout le monde sait que l'accroissement de vos demandes provient de l'accroissement de vos affaires et, par conséquent, de l'accroissement de votre prospérité.

Mais, au contraire, supposons que vous ayez fondé une Caisse rurale, et que vous l'ayez alimentée pendant des années par la Caisse centrale : tout le monde sait qu'elle vit des capitaux que lui fournit une institution financière, établie au chef-lieu. Et le jour où vous voudrez chercher des dépôts sur place, vous vous heurterez à la défiance ; on se dira : « Pourquoi donc ne reçoit-elle plus ses fonds de sa banque centrale ? N'y a-t-elle donc plus de crédit ? »

L'expérience est faite : dans certaines provinces, les Caisses rurales trouvaient jadis sans difficulté plus de dépôts qu'elles n'en voulaient. Une Caisse *régionale* se fonde et invite les Caisses rurales à se fournir de capitaux chez elle.

Les Caisses rurales qui n'ont pas voulu profiter de cette offre continuent à surabonder de dépôts :

Celles qui, séduites par la commodité des relations avec la Caisse régionale, se sont habituellement servies chez elle, ne trouvent plus de dépôts locaux ; et elles ont été fort embarrassées à un moment où la Caisse régionale a été contrainte de limiter son crédit.

III

Et, d'autre part, il est impossible à une Caisse centrale de se procurer par elle-même des capitaux suffisant au fonctionnement de toutes ses Caisses locales affiliées.

Une Caisse centrale administrée d'après les principes exposés ci-dessus, et visant simplement à parer aux insuffisances accidentelles de quelques-unes de ses Caisses locales affiliées, n'a pas de peine à suffire à sa tâche. Elle est entourée de Caisses locales qu'elle a encouragées à se suffire et qui disposent d'une ample clientèle de déposants. Elle n'a qu'à leur faire passer une note demandant des dépôts, et toutes ses affiliées lui en apporteront plus qu'elle n'en voudra.

Mais si, au lieu de pouvoir demander aux Caisses rurales de recueillir des dépôts pour les lui remettre, elle se trouvait obligée de fournir à toutes ses affiliées des fonds qu'elle aurait à se procurer elle-même, elle se heurterait à des difficultés insolubles.

Où prendrait-elle ces fonds ?

Essayerait-elle de recueillir des dépôts ? Elle n'en trouverait qu'un chiffre insignifiant. En effet, une Caisse centrale, ayant son siège dans une ville où elle voisine avec de grandes banques, ne peut lutter avec ces banques pour attirer les capitaux flottants. D'une part, elle n'aura jamais la même notoriété, elle n'aura jamais dans le monde des affaires les mêmes relations qu'une banque qui ne se borne pas à recevoir des dépôts, mais qui ouvre des crédits à ses clients, et qui met à leur disposition les services variés de son organisation financière pour leurs payements, pour leurs encaissements, pour la garde de leurs titres, etc., etc. Et surtout, elle n'aura jamais la même apparence de puissance que les grands établissements de crédit.

Une Caisse rurale, à la campagne, n'a pas de pareils concurrents ; aussi trouve-t-elle bon accueil auprès des épargnistes locaux, d'autant plus que ses administrateurs peuvent faire des démarches personnelles pour demander des fonds, tandis qu'une Caisse centrale ou régionale ne le pourrait guère ; il est bien évident que cent Caisses rurales n'auront pas de peine à trouver un million dans un département, soit 10 000 francs chacune en moyenne. La Caisse centrale ne le trouverait certainement pas par elle-même.

La Caisse centrale essayerait-elle, à défaut de dépôts, de vivre en se procurant des fonds par le réescompte de son portefeuille à la Banque de France ?

Il faudrait supposer, d'abord, qu'elle a un portefeuille réescomptable, c'est-à-dire qu'elle a imposé à ses Caisses locales le système du billet à ordre renouvelable, dont on a vu les inconvénients et les dangers (Iᵉ partie, nᵒ II).

Il faudrait supposer, en second lieu, que la Banque de France accepte ses bordereaux à l'escompte, ce qui n'est pas assuré dans tous les cas.

Il faudrait supposer, en outre, qu'elle prête aux Caisses locales à un taux très supérieur à celui de la Banque de France, sans quoi elle n'arriverait pas à couvrir ses frais généraux (qui seront nécessairement assez élevés, si elle a réussi à concentrer entre ses mains toutes les opérations des Caisses locales).

Et même en prêtant à ce taux élevé (qui devrait éloigner d'elle les Caisses locales, en les poussant à se suffire) la Caisse centrale équilibrerait à peine son budget, car il est bien reconnu qu'un établissement de crédit ne prospère que dans la mesure où il se suffit par ses dépôts : les banques ordinaires ne réalisent un bénéfice appréciable que sur la partie de leurs portefeuilles qu'elles ne font pas réescompter : elles retardent le plus possible l'envoi de leurs bordereaux à la Banque de France.

Il est donc certain qu'une Caisse centrale ne peut vivre qu'autant qu'elle pousse les Caisses locales à se suffire et qu'elle se borne à servir d'intermédiaire occasionnel entre les Caisses locales qui ont un excès de dépôts et celles qui ont une insuffisance momentanée.

Or, précisément la Caisse centrale ne joue un rôle utile et bienfaisant qu'autant qu'elle limite ainsi son activité. Sinon, elle anémie les Caisses locales et nuit à leur vitalité.

IV

Les observations qui précèdent s'appliquent aux Caisses centrales, fondées librement par les Caisses rurales ou par leurs groupes régionaux. L'*Union des Caisses rurales* a fait fonder plusieurs Caisses centrales de ce genre ; elles rendent des services très appréciables, sans éprouver la moindre difficulté.

Mais une loi du 31 mars 1899 a prévu et règlementé la fondation de Caisses centrales d'un genre spécial, officiellement dénommées *Caisses régionales de crédit agricole mutuel.*

Ces Caisses régionales peuvent recevoir du ministère de l'Agriculture des avances gratuites pouvant égaler le quadruple de leur capital, pour un temps maximum de cinq ans, mais renouvelables à l'échéance ; les avances sont prélevées sur un prêt de 40 millions consenti par la Banque de France à l'Etat comme condition du renouvellement de son privilège. Et ce fonds de 40 millions est grossi de la redevance annuelle payée à l'Etat par la Banque de France.

A première vue, il semble très avantageux de profiter de ces avances gratuites de l'Etat : à la réflexion, on reconnaît bien vite qu'*elles ne sont d'aucune utilité pour les Caisses rurales*, et que, au contraire, elles ont exercé une influence déplorable sur le crédit agricole.

Quel avantage réel pourraient procurer ces avances de l'Etat ?

Peuvent-elles servir à abaisser le taux des prêts consentis aux agriculteurs ? *En aucune façon.*

Les Caisses rurales trouvent sans peine des fonds au taux normal de l'épargne, à 3 % actuellement. Celles qui recourent aux Caisses centrales ou régionales ne le font que dans une mesure très restreinte : la statistique de l'exercice 1905 pour les Caisses appartenant à l'Union nous montre que ces Caisses n'avaient pris aux centrales ou régionales que 331 000 francs contre 4 880 000 francs reçus en dépôts, soit seulement 6 %.

Or, les Caisses régionales subventionnées par l'Etat ne peuvent pas arriver à prêter aux Caisses locales à un taux inférieur à celui de la Banque de France : sans doute, en prêtant à ce taux, elles réalisent de beaux bénéfices sur les fonds gratuits de l'Etat; elles peuvent s'installer plus luxueusement et rémunérer un plus nombreux personnel. Mais si elles abaissaient leurs taux au-dessous du cours normal, elles seraient assaillies de demandes si nombreuses, qu'elles n'y pourraient faire face avec les fonds de l'Etat. Obligées alors à recourir au réescompte de la Banque de France, *à un taux supérieur à celui auquel elles auraient prêté*, elles se trouveraient en perte.

Le ministre de l'Agriculture lui-même a reconnu dans plusieurs rapports officiels que les Caisses régionales subventionnées ne pouvaient prêter sans danger aux Caisses locales à un taux inférieur à celui de la Banque de France.

Ainsi donc, que la Caisse rurale recueille des dépôts locaux (ce qui lui est facile), ou qu'elle s'adresse à une Caisse régionale subventionnée, elle payera toujours 3 %. Et l'argent lui revenant au même prix dans les deux cas, elle prêtera aux cultivateurs au même prix dans les deux cas (1).

Où est l'avantage pour la Caisse rurale? Où est l'avantage pour l'agriculteur emprunteur?

Cette intervention de l'Etat n'est utile qu'aux petites Sociétés de crédit agricole anonymes (à responsabilité limitée) dont nous avons constaté (Iʳᵉ partie, nº III) l'incapacité à recueillir des dépôts.

L'Etat aide à vivre aux Sociétés qui ne sont pas viables: il ne peut rien pour les Sociétés sérieuses.

V

Les inconvénients des Caisses régionales subventionnées sont au contraire fort graves. Le premier à enregistrer est le suivant:

Si les avances de l'Etat sont inutiles aux Caisses rurales et à leurs emprunteurs — puisqu'elles ne peuvent faire abaisser les taux, — elles sont, au contraire, très utiles aux Caisses régionales, à leurs porteurs de parts dont les intérêts sont largement garantis par les produits des avances gratuites de l'Etat et à leurs

---

(1) Si la Banque de France élevait son escompte à 3 1/2, les Caisses régionales devraient suivre ce nouveau taux, tandis que les Caisses rurales vivant de dépôts continueraient à emprunter au taux de l'épargne qui resterait vraisemblablement à 3 %. L'argent *gratuit* de l'Etat coûterait donc plus cher que l'argent du public.

administrateurs qui disposent d'un large compte de profits et pertes, pour les frais généraux, etc.

L'administration de la Caisse régionale tend donc tout naturellement à faire augmenter le chiffre des avances de l'Etat : pour cela elle doit s'efforcer d'augmenter son chiffre d'affaires, et, par conséquent, elle use de toute son influence sur les Sociétés locales pour les détourner de la recherche des dépôts, et les amener à lui demander tous les capitaux qu'elles mettent en œuvre.

Il en résulte que les Caisses locales qui suivent ces conseils laissent disperser leur clientèle de déposants, et se trouvent bien vite dans l'impossibilité de la reconstituer.

Elles deviennent incapables de vivre par elles-mêmes : leur existence dépend exclusivement du crédit que leur accorde la Caisse régionale.

Si la régionale ne veut pas — où ne peut pas — leur continuer son crédit, elles se trouvent en danger.

Or, la Caisse régionale est-elle sûre de pouvoir leur continuer son crédit ?

Cela dépend exclusivement de la bienveillance du ministre de l'Agriculture, qui peut, *à volonté*, sauver une Caisse régionale ou la faire sombrer : il lui suffit, pour cela, de refuser à la régionale les avances qu'elle demande et de ne pas renouveler les avances qui arrivent à l'échéance.

Et cette éventualité peut se présenter chaque année, car le ministère a soin de n'accorder aux Caisses régionales que des avances échelonnées à des échéances diverses : chaque année, il en arrive quelques-unes à expiration.

La vie de la Caisse régionale (et celle des Sociétés locales qui ont eu l'imprudence de s'en rapporter à elle du soin de recueillir des capitaux) est donc à la merci du ministère : n'est-il pas à craindre qu'un jour ou l'autre un ministre profite de cette situation pour faire sombrer une Caisse régionale au profit d'une Caisse concurrente pour des motifs d'ordre politique ?

Et cette Caisse régionale n'aura pas la ressource de vivre de ses propres forces. Elle ne pourra pas demander des fonds à ses Caisses locales, puisqu'elle aura habitué celles-ci à n'en pas recueillir. Et elle ne pourra pas trouver elle-même des dépôts : l'expérience est faite : le dernier rapport ministériel sur les Caisses régionales (*Journal Officiel*, 1er août 1906.) constate que les Caisses régionales subventionnées n'avaient pu recueillir en dépôts que moins de 12 % des capitaux dont elles disposaient.

VI

Cette incertitude du lendemain — cette menace constante — suffirait à éloigner des Caisses régionales subventionnées tous les hommes prudents et expérimentés, alors surtout que les Caisses rurales et leurs emprunteurs ne peuvent espérer aucun avantage en échange.

Mais il y a, pratiquement, d'autres inconvénients, qui, pour être moins graves, n'en sont pas moins à considérer.

D'abord, ne peuvent s'affilier à une Caisse régionale subventionnée que les Sociétés locales qui ne prêtent qu'en vue d'opérations agricoles. Or, très souvent, les membres des Caisses rurales, même agriculteurs, ont besoin d'emprunter pour des usages non-agricoles.

En second lieu, le ministère de l'Agriculture, s'autorisant des avances qu'il accorde et peut refuser aux Caisses régionales, leur impose, en dehors des prescriptions légales, des obligations et modes de procéder qui préjudicient gravement aux agriculteurs.

Ainsi, par exemple, par un décret du 11 avril 1905, il a exigé que les Caisses régionales ne fassent plus des avances directes aux Sociétés locales, mais se limitent à escompter les effets que ces Caisses locales auraient fait souscrire à leurs emprunteurs.

Par conséquent, la Caisse locale doit faire souscrire à ses emprunteurs des billets à ordres bancables, qu'elle endosse à la Caisse régionale pour obtenir des fonds.

Le billet à ordre n'est bancable que s'il est souscrit à moins de trois mois ; *premier inconvénient* : l'emprunteur devra le renouveler tous les trois mois, en payant de nouveaux frais de timbre. La Caisse locale devra envoyer le nouveau billet pour retirer l'ancien, ce qui l'obligera à une correspondance compliquée et relativement coûteuse.

Le billet à ordre est à échéance fixe, et, endossé à la régionale, il n'est plus entre les mains de la Caisse locale ; *deuxième inconvénient* : l'emprunteur ne peut plus payer des acomptes en tout temps, mais seulement à l'époque des renouvellements.

Le billet à ordre est endossé à la régionale, qui peut, pour se faire de l'argent, le réendosser à une autre banque ou à la Banque de France ; *troisième inconvénient* : le cultivateur n'aime pas que sa signature circule de banque en banque ; il s'éloignera des Sociétés qui procéderont ainsi.

Le billet à ordre doit être payé rigoureusement à l'échéance, sinon, dans les vingt-quatre heures, le porteur est tenu de le faire protester, sous peine de perdre son recours contre les donneurs d'aval (cautions) et les endosseurs intermédiaires. En d'autres termes : un emprunteur a signé un billet à ordre et l'a fait signer par sa caution. Si la Caisse rurale ne le fait pas protester dans les vingt-quatre heures de l'échéance à défaut de payement, elle n'a plus de recours contre la caution.

Si la Caisse rurale a endossé le billet à la régionale, celle-ci est tenue de faire protester le billet dans les vingt-quatre heures de l'échéance, sinon elle perd tout recours contre la caution et contre la Caisse locale.

Ainsi donc, un oubli ou un refus de renouvellement du billet imposent des frais de protêts et de signification immédiate, pour un simple retard de vingt-quatre heures dans le payement.

Ces rigueurs sont-elles acceptables pour les agriculteurs?

VII

En résumé, les avances de l'État ne procurent aucun avantage aux agriculteurs emprunteurs ni aux Caisses rurales.

Par contre, elles détournent les Caisses rurales de la recherche des dépôts locaux, qui seuls peuvent leur donner solidité et sécurité.

Ces avances ne peuvent leur être accordées que par des régionales dont l'existence dépend de la seule bienveillance du ministère.

Elles ne leur sont accordées que sous des conditions qui rendent plus coûteux, plus compliqué et plus dangereux l'usage du crédit.

Il est donc *plus économique*, *plus commode* et *plus sûr* de ne pas solliciter les avances de l'État.

Il est seulement à regretter que trop de Français soient tellement hynoptisés par tout ce qui vient de l'État et ne comprennent pas que, en cette circonstance, ils n'ont rien à gagner, mais ont tout à perdre en obtenant des faveurs inefficaces.

QUATRIÈME PARTIE

L'UNION DES CAISSES RURALES ET OUVRIÈRES

La Caisse Raiffeisen, rurale ou ouvrière, est une institution d'un fonctionnement particulièrement simple et facile. Sans doute, elle ne peut vivre et prospérer que grâce au dévouement, au tact, à l'intelligence de ses administrateurs; mais ceux-ci n'ont besoin ni de connaissances techniques ni d'expérience des affaires de banque.

Néanmoins, les Caisses rurales ou ouvrières ne peuvent pas naître, se développer et prospérer, sans un centre commun, sans un point d'appui. L'*Union des Caisses rurales et ouvrières* a été fondée pour jouer ce rôle nécessaire; comment, dans quelle mesure, par quels moyens l'a-t-elle rempli?

I

Pour implanter en France les Caisses Raiffeisen, il fallait, non seulement démontrer leur utilité, mais encore préparer les voies aux fondateurs.

Depuis plusieurs années, la question du crédit agricole était à l'étude; les Sociétés d'agriculture, les Congrès divers avaient proclamé la nécessité de mettre le crédit à la portée des agriculteurs; le nom de la Caisse Raiffeisen avait bien été prononcé à diverses reprises, mais personne ne songeait à l'introduire en France.

Il fallait donc, avant tout, étudier soigneusement des statuts-types pour adapter les principes de Raiffeisen à la législation française qui donnait toutes les facilités désirables.

Et il fallait donner à ces statuts un commentaire pratique qui pût servir de guide aux fondateurs de Caisses rurales, hommes d'initiative généreuse et d'intelligence largement ouverte, mais habituellement peu familiarisés avec les règles précises de nos lois, avec les formalités qu'elles édictent, avec les obligations qu'elles imposent.

Il fallait indiquer avec précision la manière d'organiser la Société, les formalités à remplir, et aussi la manière de l'administrer, les moyens à prendre pour se procurer de l'argent, les conditions à imposer aux emprunteurs, la méthode à suivre pour tenir la comptabilité; il fallait organiser une comptabilité assez simple pour être tenue par des hommes de bonne volonté, qui ne sont pas des comptables professionnels, mais des agriculteurs.

Dans ce but fut rédigé le *Manuel pratique à l'usage des fondateurs et administrateurs des Caisses rurales*, qui en est à sa sixième édition.

Ces premiers préparatifs terminés, l'*Union*, composée alors de deux seules Caisses, et dirigée par un *président provisoire*, qui avait été l'inspirateur de ces deux premières fondations, entreprit de faire connaître l'institution de Raiffeisen et de conquérir des apôtres à l'idée généreuse de l'illustre philanthrope allemand.

Sa propagande fut poussée activement grâce à l'appui d'une partie de la presse et de quelques revues. Des hommes dévoués vinrent se grouper autour des premiers pionniers, et peu à peu surgirent sur tous les points de la France des centaines de Caisses rurales et quelques Caisses ouvrières ou mixtes.

II

Mais il ne suffisait point de donner aux promoteurs de Caisses rurales un manuel; les difficultés pratiques, les obscurités, les hésitations étaient nombreuses, surtout au début de l'œuvre. Les hommes qui auraient voulu fonder des Caisses avaient à chaque instant besoin d'un conseil, d'un renseignement, parfois d'un encouragement.

Entre les fondateurs ou administrateurs de Caisses rurales et le président de l'Union s'établit une correspondance incessante, apportant au centre les observations, les études et les expériences de tous, et transmettant à chacun les conseils techniques, les consultations juridiques qui étaient demandés.

L'œuvre était nouvelle : elle n'avait encore ni expérience ni traditions; à chaque instant se posait une question à élucider : questions de formalités à remplir, questions d'enregistrement, questions de timbre, questions d'interprétation des statuts, questions de comptabilité ou d'administration, etc. Chacune d'elles exigeait des études approfondies.

Ces études sont terminées aujourd'hui : les Caisses rurales ne rencontrent plus que bien rarement des difficultés qui n'aient déjà été étudiées ou résolues par l'Union centrale, dont la charge se trouve ainsi considérablement allégée; mais encore faut-il que chaque Caisse puisse, en cas de besoin, recourir au centre, pour profiter des études faites et des connaissances acquises.

Aurait-il été possible aux fondateurs des diverses Caisses rurales de marcher seuls, sans l'appui qu'ils trouvent dans l'Union, sans les conseils, les renseignements de toute nature qu'elle leur fournit?

Sans doute, plus d'une Caisse rurale a la bonne fortune de compter parmi ses membres des hommes préparés par leurs études antérieures au rôle qu'ils auraient eu à jouer : avec beaucoup de temps et de travail, ils auraient pu réaliser chacun ce que l'Union a fait pour tous.

Mais combien peu nombreuses eussent été les communes où il se serait rencontré un homme assez compétent pour faire les études juridiques et économiques nécessaires pour organiser et diriger, sans conseils ni renseignements, une Caisse rurale, et disposant d'assez de loisir pour se livrer à des études aussi absorbantes? Et même, malgré leur talent et leur dévouement, il aurait bien pu arriver à ces hommes de ne pas saisir toujours la nature exacte des difficultés qui auraient pu se dresser devant eux, de ne pas les prévoir et les prévenir avec la même facilité que l'*Union centrale*, car celle-ci ne se trouvait pas en face d'un cas particulier, d'un champ d'expérience limité à une petite commune, elle centralisait les renseignements qui lui étaient adressés de tous les points de la France. Elle connaissait les obstacles rencontrés par tous les fondateurs de Caisses. Elle pouvait, par conséquent, discerner ceux qui étaient purement accidentels et locaux de ceux qui, par leur fréquence, montraient qu'ils résultaient d'une cause générale.

Du reste, la plupart des Caisses rurales n'ont été fondées que par des hommes extrêmement dévoués, ardents pour le bien, mais peu préparés par leurs études antérieures et par leurs occupations habituelles, à résoudre les difficultés théoriques, juridiques ou autres, que présentent la fondation et l'administration d'une Caisse rurale. Très compétents pour diriger la Caisse, pour apprécier et conseiller les emprunteurs, pour assurer une sage et utile direction à la Société de crédit, ils auraient certainement reculé devant la tâche dont ils comprenaient cependant l'utilité, s'ils n'avaient pas senti à côté d'eux, prêt à les renseigner et à les conseiller, une sorte de *Conseil du conten-*

tieux et de *Conseil technique* remplissant les fonctions que remplissent ces organes dans les grandes Sociétés financières ou industrielles. Puisque chaque Caisse rurale ne pouvait se constituer un tel Conseil, il était indispensable qu'il en fût constitué un, servant indistinctement à toutes les Caisses : c'est l'un des rôles attribués à l'*Union des Caisses rurales*.

Elle l'a rempli avec une activité qui en démontre l'importance : en treize années, le président de l'Union a eu à répondre à plus de 15 000 lettres.

Et l'on peut bien affirmer que, sans l'appui que l'*Union* a donné aux fondateurs des Caisses rurales — appui souvent effectif, représenté par des conseils sollicités et donnés, parfois aussi appui simplement moral, résultant de la certitude qu'avaient les fondateurs de ne pas se trouver privés de direction en cas de besoin, — 95 pour 100 des Caisses existantes ne se seraient jamais constituées.

<h2 style="text-align:center">III</h2>

Mais alors même qu'une Caisse rurale est fondée, elle n'a pas encore surmonté toutes les difficultés.

Bien souvent, elle se heurte, au début surtout, à l'indifférence, à l'inertie, à la timidité des hommes qui auraient besoin de recourir à ses services ; et il est arrivé plus d'une fois aux fondateurs d'être tentés de se décourager, en constatant que leurs efforts sont restés stériles pendant plusieurs mois ; la persévérance est, en effet, la vertu la plus nécessaire aux administrateurs des Caisses rurales.

Il y avait donc utilité à établir des relations permanentes et périodiques entre les administrateurs des Caisses rurales et l'*Union*, pour que celle-ci puisse les soutenir, dans les moments de lassitude, en leur montrant les succès remportés ailleurs par d'autres Caisses qui, après avoir surmonté, au début, les mêmes difficultés, vivaient désormais d'une vie normale et prospère.

Il y avait aussi utilité à tenir les diverses Caisses au courant de tout ce qui pouvait les intéresser — à leur faire connaître les difficultés qui pouvaient se présenter et les solutions qui avaient été données — à les renseigner sur les lois nouvelles qui se rapportaient plus ou moins directement à leur objet — à leur dire la situation générale de l'œuvre, ses progrès et ses espérances.

Dans ce but fut créé le *Bulletin Mensuel de l'Union des Caisses rurales et ouvrières*, publication très modeste, éditée sans luxe, pour la mettre à la portée des bourses rurales.

Cette création nécessaire a été féconde; le *Bulletin* a contribué puissamment, soit à maintenir l'unité de vues et la cohésion des Caisses unies, soit à répandre les doctrines de Raiffeisen et à faire connaître les principes de la Caisse rurale, soit à élucider les questions juridiques ou économiques soulevées par certains projets de loi ou par certaines lois agricoles: Il a été, notamment, un organe actif de propagande et a servi de lien entre les hommes qui se sont dévoués aux Caisses rurales dans les diverses régions du pays.

Il vient, chaque mois, rappeler aux directeurs des Caisses rurales l'œuvre dont ils ont accepté la charge, il leur apporte des conseils, des nouvelles, il leur montre qu'ils ne sont pas isolés, il raffermit les énergies.

IV

Néanmoins, l'Union centrale, même aidée par le *Bulletin*, ne peut suffire à tous les besoins des Caisses rurales. Son champ d'action est trop étendu pour que son influence soit partout suffisamment efficace.

Partout où il est possible de le faire, il y a donc utilité à créer un organisme régional, un conseil, un bureau, qui prenne en mains les intérêts de l'œuvre, qui active la propagande, qui prépare les fondations nouvelles, qui prête son appui aux administrateurs des Caisses rurales, qui leur donne des leçons de comptabilité et vérifie les livres, qui s'entremette entre eux et les capitalistes pour leur faciliter la recherche des capitaux dans les cas exceptionnels où la Caisse a quelque peine à en trouver sur place, etc.

Les buts les plus importants et les plus pratiques de ces organismes régionaux sont, en premier lieu, la fondation de nouvelles Caisses; en second lieu, l'inspection des comptabilités, et, enfin, les encouragements et conseils donnés aux Caisses nouvellement fondées, qui sont embarrassées pour se mettre en marche.

Il arrive parfois que les fondateurs d'une Caisse, après avoir été pris d'un beau zèle pour l'œuvre dont ils ont compris l'importance, ne savent comment s'y prendre pour commencer les opérations; les déposants ne se présentent pas, et les administrateurs hésitent à aller les solliciter; les cultivateurs, qui auraient besoin de crédit, sont retenus par la timidité, ou bien ils ignorent les démarches à faire pour demander un prêt, et les administrateurs ne songent pas à les encourager et à les attirer.

C'est alors qu'il est utile qu'un homme dévoué, déjà expérimenté dans la pratique de l'œuvre, vienne dans la commune, réunisse les administrateurs, les fasse discuter sur les moyens à prendre pour surmonter ces obstacles, les décide à faire des démarches auprès des petits capitalistes ou épargnistes pour obtenir des dépôts, les amène à encourager les emprunteurs timides ; c'est alors qu'il est utile de donner une conférence pour faire connaître à la population l'existence de la Caisse, son mécanisme, son utilité ; pour indiquer aux cultivateurs la voie à suivre pour profiter de ses services, pour répondre aux objections et dissiper les préjugés.

Une conférence a pu être utile pour fonder la Caisse ; elle est encore bien plus utile et féconde trois mois après, pour la mettre en mouvement.

C'est pour remplir ce rôle qu'ont été constitués les groupes régionaux et les Comités de propagande.

Les groupes régionaux sont formés dans les départements où il existe un nombre suffisant de Caisses rurales : les Caisses de ce groupe élisent un conseil et un bureau composés des hommes les plus dévoués et les plus compétents de la région et les chargent des divers services utiles à l'œuvre.

Les Comités de propagande jouent le même rôle dans les départements où il n'existe pas encore assez de Caisses rurales pour constituer un groupe régulier.

V

Il ne suffit pas de veiller à la prospérité de chaque Caisse rurale et de rendre à chacune les services dont elle a besoin.

Les Caisses rurales ont des intérêts généraux à défendre : isolées, elles seraient sans force et sans autorité pour le faire.

Mais leur Union, représentant la collectivité des Caisses unies, a une autorité d'autant plus grande que le nombre de ces Caisses est plus considérable. Le Conseil de l'Union peut donc prendre en mains la défense des intérêts généraux des Caisses rurales d'autant plus utilement qu'elles se groupent plus fidèlement autour de lui.

L'Union a rempli cette mission en bien des circonstances, avec des succès divers, mais toujours, Dieu merci, avec utilité.

C'est ainsi, notamment, que les protestations énergiques qu'elle a — seule, au début — faites contre les dispositions draconiennes de l'article 6 de la loi du 5 novembre 1894, sur les

Sociétés de crédit agricole constituées par les Syndicats, ont provoqué un mouvement d'opinion assez puissant pour amener le Parlement à modifier cet article par la loi du 20 juillet 1901.

C'est ainsi, d'autre part, qu'elle a obtenu que l'administration de l'Enregistrement, revenant sur une pratique erronée, reconnaisse la régularité de l'emploi des timbres mobiles sur les effets souscrits par les emprunteurs des Caisses rurales; ce n'est qu'un détail, peu important sans doute, mais qui présentait une utilité pratique pour les Caisses rurales.

Il est impossible de rappeler ici les mille services rendus par l'Union aux Caisses qui la composent; il suffit d'indiquer quelques-unes des affaires les plus importantes dans lesquelles elle a eu à intervenir.

Affaire de patentes

En 1894, un contrôleur des contributions directes imposa à la Caisse rurale de Sermerieu la patente d'escompteur. La question intéressait toutes les Caisses rurales, puisqu'une jurisprudence allait s'établir. L'Union s'empressa de prendre la direction et la charge de la procédure.

Le Conseil de préfecture de l'Isère ayant rejeté la demande en décharge présentée par la Caisse, celle-ci se pourvut devant le Conseil d'Etat qui, par un arrêt du 24 décembre 1897, confirma la décision du Conseil de préfecture de l'Isère.

Il est inutile de discuter longuement cet arrêt dont la doctrine a été justement contestée par les meilleurs commentateurs.

La patente est une taxe levée sur les bénéfices réalisés par un professionnel dans l'exercice de sa profession, bénéfices qui sont évalués d'après les signes extérieurs, pour éviter au contribuable une inquisition de l'administration dans ses affaires privées.

La patente d'escompteur ou de banquier n'est donc due que par les personnes ou Sociétés qui exercent la profession d'escompteur ou de banquier, c'est-à-dire par celles qui cherchent à réaliser des bénéfices en faisant des opérations de crédit avec le public. Elle n'est pas due par les personnes qui empruntent pour leurs besoins personnels ou qui s'associent pour se procurer à elles-mêmes les capitaux dont elles ont besoin.

Les membres de la Caisse rurale ne cherchent évidemment pas à réaliser un bénéfice personnel sur les opérations de la Société, puisqu'ils s'interdisent de partager le boni qui en résulterait. Ils visent exclusivement à se procurer mutuellement du crédit aux meilleures conditions possibles.

L'arrêt du Conseil d'Etat a admis une solution contraire, qu'il appuie de motifs, peu clairs sans doute, mais absolument irrationnels.

En premier lieu, il patente la Caisse rurale parce qu'elle ne se bornait pas à demander à des bailleurs de fonds étrangers les capitaux strictement nécessaires à la réalisation des emprunts contractés par ses membres, mais qu'elle recevait des dépôts à terme ou à vue. Or, quelle différence y a-t-il entre demander des capitaux à un bailleur de fonds ou recevoir des dépôts? Le mot est différent : l'opération est absolument la même.

Et, quand on reçoit des dépôts, de même que quand on contracte un emprunt, il faut bien que le dépôt ou l'emprunt soit à terme ou sans terme : il n'y a pas de milieu.

Somme toute, par ce considérant, le Conseil d'Etat a maintenu la patente uniquement parce que les statuts avaient désigné une opération par le mot en usage en banque au lieu d'employer l'expression usitée entre particuliers.

Le Conseil d'Etat maintient encore la patente « parce que la Caisse rurale se livre à des opérations rentrant dans l'exercice de la profession d'escompteur ». Lesquelles? L'arrêt ne le dit pas ; mais la procédure nous les fait connaître : le Conseil d'Etat visait la clause des statuts des Caisses rurales qui les autorisait à se faire souscrire des billets à ordre.

Résultait-il de cette clause que les associés avaient en vue de réaliser un bénéfice pour se le partager? Evidemment non! Alors que signifie ce motif?

L'administration des contributions directes soutenait que la Caisse rurale, usant ou pouvant user du billet à ordre, faisait du commerce, parce que le billet à ordre est un acte de commerce. C'est une erreur matérielle et il est étrange que les jurisconsultes qui siègent au Conseil d'Etat aient commis une telle méprise : le billet à ordre n'est commercial qu'autant qu'il porte la signature d'un commerçant. S'il n'est revêtu que de signatures de non-commerçants, les signataires peuvent décliner la juridiction commerciale. Or, c'était bien le cas des Caisses rurales, puisque leurs emprunteurs sont des agriculteurs.

Enfin, le Conseil d'Etat maintient encore la patente, parce que les bénéfices de la Caisse ne devaient pas être répartis entre les associés, mais ne pouvaient être affectés qu'à une œuvre d'utilité générale. C'est précisément pour ce motif que la Caisse rurale aurait dû être déchargée de la patente, puisque cette clause des statuts démontrait péremptoirement que les membres de la Caisse rurale ne cherchaient pas à tirer bénéfice de l'exercice de la profession de banquiers. Quelle est donc la banque commerciale, régulièrement patentée, qui s'interdise de distribuer ses bénéfices entre ses actionnaires?

Quoi qu'il en soit, l'arrêt était rendu en dernier ressort et il ne restait plus à l'Union qu'à en atténuer les fâcheuses conséquences.

Les Caisses rurales ne pouvaient pas supporter la charge de la patente d'escompteur : avec des bénéfices annuels qui, dans les premières années, ne dépassent souvent pas une somme de quelques francs, elles ne pouvaient pas payer un impôt qui dépassait généralement 100 francs et qui parfois pouvait s'élever à une somme bien supérieure.

Or, l'arrêt ayant été rendu le *24 décembre 1897*, malgré toutes les démarches faites par le président de l'Union pour obtenir une plus prompte solution, il y avait urgence à prendre les mesures nécessaires pour éviter aux Caisses unies d'être patentables le 1er janvier 1898, car une seule annuité de patente pouvait leur causer en une année un déficit irréparable.

Heureusement, en prévision d'un arrêt défavorable, le président de l'Union avait invité toutes les Caisses à convoquer une assemblée générale extraordinaire pour le 30 décembre, de manière à pouvoir prendre, à la dernière minute, les mesures nécessaires pour parer au danger. C'est grâce à cette prévoyance que les Caisses unies ont pu tenir, dans les délais statutaires, une assemblée générale régulière.

Mais quel conseil fallait-il donner aux Caisses unies? Le temps pressait et ne permettait pas de longues réflexions : par mesure d'extrême prudence et pour couvrir sa responsabilité, vu l'impossibilité où il se trouvait de convoquer le Conseil, le président de l'Union envoya à toutes les Caisses une circulaire leur indiquant les formalités à remplir pour se dissoudre avant d'être exposées à être patentées pour l'exercice 1898.

Entre temps, la situation était examinée par lui avec deux avocats au Conseil d'Etat et, après étude approfondie quoique rapide, et sur l'avis de M. Méline, alors président du Conseil des ministres et ministre de l'Agriculture, une nouvelle circulaire fut rédigée et expédiée en hâte aux directeurs des Caisses rurales, pour leur indiquer les modifications à introduire dans les statuts pour les mettre à l'abri de la patente.

Malheureusement, cette nouvelle circulaire ne parvint pas à toutes les Caisses rurales avant l'assemblée générale extraordinaire; et plusieurs prononcèrent leur dissolution, faute d'avoir reçu en temps utile les instructions pour la modification des statuts.

D'autres, quoique prévenues à temps, préférèrent se dissoudre, pour se soustraire à une malveillance dont elles croyaient voir la trace dans la jurisprudence, absolument nouvelle, inaugurée contre elles par le Conseil d'Etat.

Néanmoins, les chutes furent moins nombreuses qu'on n'aurait pu le craindre après une secousse aussi rude. Et l'Union s'empressa de rédiger de nouveaux statuts et de publier une nouvelle (la 4me) édition du *Manuel*, pour mettre les Caisses à l'abri de l'arrêt du Conseil d'Etat.

Ces modifications ont été soumises à l'administration des contributions directes par celles des Caisses rurales qui, ayant été portées sur le rôle des patentes pour l'année 1898, avaient cependant modifié leurs statuts avant le 1er janvier.

Elles ont demandé décharge, en invoquant les dispositions de leurs nouveaux statuts, et cette décharge a été prononcée. Il y a donc une décision officielle qui reconnaît que désormais les Caisses rurales, adoptant les nouveaux statuts de l'Union, sont dispensées de la patente.

Dans ces circonstances extrêmement difficiles, l'*Union des Caisses rurales* a rendu d'immenses services aux Caisses unies.

Sans doute, l'arrêt du Conseil d'Etat a adopté une doctrine qu'elle croyait — et qu'elle croit encore — inexacte. Mais, grâce aux mesures prévoyantes et énergiques prises par l'Union, toutes les Caisses ont pu échapper à la patente de l'exercice 1898, alors que cette patente aurait compromis leur existence et les aurait peut-être obligées à liquider avec pertes.

Toutes les Caisses qui ne se sont pas laissé effrayer par l'orage ont pu modifier leurs statuts et continuer leur marche progressive.

Sans l'Union, sans sa prévoyance, sans la convocation de l'Assemblée générale faite par ses soins avant même que l'arrêt ait été rendu, sans les instructions envoyées par elle pour faire modifier ou dissoudre les Caisses, il est bien certain que toutes les Caisses rurales auraient été en situation d'être patentées le 1er janvier 1898. C'est grâce à la vigilance de l'Union et aux conseils donnés par elle à toutes les Caisses adhérentes, que ce redoutable danger a pu être conjuré.

Les Caisses régionales subventionnées.

Dans une autre circonstance encore, l'Union a défendu efficacement les droits des Caisses unies.

Le gouvernement avait déposé un projet de loi ayant pour

objet d'autoriser l'Etat à avancer à des Caisses régionales de crédit mutuel agricole les 40 millions que la Banque de France s'était engagée à lui verser.

Le texte du projet ne distinguait pas entre les Sociétés de crédit agricole régies par la loi du 5 novembre 1894 et les Caisses rurales régies par les lois du droit commun. Toutes devaient donc être appelées à bénéficier également des largesses de l'Etat.

Sans doute, les Caisses rurales n'ont aucun intérêt à obtenir ces inutiles faveurs; mais les agriculteurs ne reconnaissent leur inutilité que lorsqu'ils ont acquis l'expérience du fonctionnement de la Caisse et constaté qu'elle trouve des capitaux aussi faciles et à aussi bas prix sans le secours de l'Etat. Si donc les Caisses rurales avaient été exclues en droit du bénéfice de la loi sur les Caisses régionales, elles se seraient trouvées dans un état d'infériorité apparente.

Or, n'était-il pas à craindre qu'un jour ou l'autre, on s'imaginât d'invoquer le silence de la loi dans un sens défavorable aux Caisses rurales? Mieux valait tout prévoir. Aussi, un membre du Conseil de l'Union, l'honorable M. Le Cour Grandmaison, sénateur, déposa-t-il un amendement précisant nettement la portée de la loi.

La précaution n'était pas inutile; quand le rapport de la Commission fut déposé au Sénat, on y lut que, malgré le texte du projet, le rapporteur prétendait exclure les Caisses rurales de droit commun du bénéfice de la loi.

Encore une fois, la vigilance du Conseil de l'Union avait prévu le danger, et le dévouement de l'un de ses membres a réussi à l'écarter.

L'amendement de M. Le Cour Grandmaison, défendu par l'honorable M. Halgan, amena après une longue et vive discussion une déclaration faite par le président de la Commission sénatoriale, d'accord avec le rapporteur et le ministre, et reconnaissant explicitement les droits des Caisses rurales régies par les lois de droit commun.

La question était donc tranchée législativement; mais, à diverses reprises, l'administration de l'Agriculture essaya d'exclure ces Caisses malgré la loi.

Ainsi, le 30 janvier 1901, M. Dupuy, ministre de l'Agriculture, envoya une circulaire qui prononçait l'exclusion de ces Caisses. Cette circulaire était évidemment illégale : l'*Union des Caisses rurales* protesta énergiquement et menaça le ministre de saisir les tribunaux.

Devant cette menace, le ministre, reconnaissant que la circulaire était contraire à la loi, déposa à la Chambre des députés un projet de loi modifiant la loi de 1899 et prononçant l'exclusion que le ministre avait vainement tentée par sa circulaire.

L'Union protesta de nouveau contre ce projet de loi : sur sa demande, le président de l'Union fut entendu par la Commission de l'Agriculture de la Chambre des députés, dans sa séance du 19 décembre 1901. A la suite de cette audition, la Commission rejeta le projet ministériel et proposa un autre projet qui respectait les droits des Caisses rurales.

Depuis lors, ces droits n'ont plus été contestés, ils ont été notamment reconnus expressément par M. Ruau, ministre de l'Agriculture, dans la séance de la Chambre du 30 janvier 1905.

VI

Les hommes qui se dévouent aux Caisses rurales et aux Caisses ouvrières sont tenus, par le *Bulletin*, au courant des travaux, des tentatives et des succès de ceux qui, obéissant à la même pensée, suivent la même voie sur d'autres points de la France et même à l'étranger.

Mais combien ne serait-il pas à la fois plus intéressant et plus profitable pour eux de se réunir, de faire connaissance, d'échanger leurs observations, de mettre en commun l'expérience acquise, d'étudier et discuter ensemble les moyens à prendre et les résultats à espérer !

C'est le but des Congrès. Sans vouloir organiser des Congrès annuels, qui demanderaient de trop fréquents déplacements à ses membres, tous accaparés par leurs travaux agricoles ou par diverses œuvres, l'Union a compris l'utilité que présentent les Congrès internationaux, où ses membres se rencontrent avec les représentants les plus éminents de l'œuvre raiffeiséniste en Europe.

Ces Congrès, en effet, poursuivent plusieurs buts éminemment pratiques ; ils ont un intérêt doctrinal et scientifique, et instruisent les congressistes sur tout ce qui peut intéresser l'œuvre ; ils mettent en relation les hommes qui travaillaient de loin à la même œuvre sans se connaître ; ils les encouragent à redoubler d'efforts en réveillant leur ardeur ; enfin, ils attirent souvent des indifférents, des hésitants, qui viennent au Congrès pour entendre des discours, et qui en sortent convaincus et décidés à agir.

C'est pourquoi l'*Union des Caisses rurales et ouvrières* a convoqué un premier Congrès international à Tarbes les 24, 25 et 26 août 1897 et un second à Paris les 18, 19 et 20 juillet 1900.

Le Congrès de Tarbes réunissait plus de 1 200 auditeurs aux séances du soir : les séances de travail en comptaient 4 à 600.

Parmi les rapporteurs français, signalons dans l'ordre de l'horaire : MM. le vicomte de Pelleport, René Caron, R. P. Adéodat, de Castelmore, Chaperon-Grangère, Le Cour Grandmaison, abbé Lemire, comte Henry de Menthon, abbé Alibert, abbé Fontan, baron de Villebois-Mareuil et Jacques Piou. — Parmi les rapporteurs étrangers, MM. l'abbé Cetti (Mulhouse), Braüdo (Saint-Pétersbourg), abbé Müller (Alsace), Comm. Rezzara (Bergame), abbé Dasbach (Trèves), Micheli (Parme), Lepreux (Bruxelles), Wolff (Londres), Francotte (Gand), Avramovitch (Serbie), Endre et comte Karolyi (Budapest), Strauven (Strasbourg).

Ce Congrès, outre les lumières qu'il a apportées à l'œuvre, a fait une chose extrêmement importante pour l'Union. Jusqu'à ce moment, l'Union était encore dans la période d'organisation; elle réunissait ses éléments, elle ne leur avait pas donné une forme définitive; toute l'autorité, toute l'initiative appartenait, en fait, à un président provisoire qui ne tenait ses pouvoirs que du consentement tacite des adhérents.

Le Congrès substitua une organisation régulière à l'administration provisoire et rudimentaire qui avait jusqu'alors pris la charge de la direction de l'œuvre. Un règlement fut adopté, un Conseil et un Bureau furent constitués.

Le Congrès international de Paris, réuni pendant l'Exposition universelle, ne pouvait espérer attirer un aussi grand nombre d'auditeurs que lui disputaient les palais du Champ-de-Mars et des Invalides. Mais il réunit un public studieux autour de rapporteurs éminents.

Citons notamment parmi les rapporteurs français : MM. le comte de Pontbriand, député, vicomte de Pelleport, René Caron, abbé Thomas, E. de Grandmaison, Hubert-Valleroux, Le Cour Grandmaison, sénateur, abbé Quillet, abbé Fontan, comte de Menthon, abbé Binot, Fournier-Sarlovèze, vicomte de Bizemont. — Et parmi les rapporteurs étrangers : MM. l'abbé Müller (Alsace), Mgr Cerrutti (Italie), Champagne (Canada), abbé Cetti (Alsace), Henry W. Wolff (Angleterre), Maenhaut (Belgique), Vliebergh (Belgique), Mellaerts (Belgique), Avramovitch (Serbie), abbé Tilley (Lorraine), Beretti (Russie), Toniolo (Italie).

En outre, plusieurs Congrès régionaux ont été organisés à Nantes, Arras, Saint-Malo, Saintes, Reims, etc. Mais ils sont, à proprement parler, l'œuvre des groupes régionaux ou des Comités de propagande plutôt que de l'Union.

VII

Mais le Conseil central de l'Union, son Bureau, son président, ne pourraient cependant rendre aux caisses privées tous les services qui leur sont utiles. Pour que l'œuvre ait son organisation parfaite et complète, il est nécessaire qu'entre la petite Caisse communale et l'Union qui s'étend sur toute la France, fonctionnent des organisations régionales (autant que possible départementales) dont les attributions découlent de la nature des choses.

Ainsi ce n'est pas du siège central de l'Union que pourra partir un mouvement actif de propagande dans les régions qui en sont éloignées. L'Union pourra bien s'efforcer de saisir l'opinion publique par la presse et de faire appel aux bonnes volontés. Mais ce n'est pas elle qui pourra étudier les communes, y rechercher les hommes capables de prendre une initiative, y organiser des conférences, etc.

Et les Caisses une fois fondées peuvent assurément prospérer par leurs propres forces ; néanmoins il leur est très utile de recevoir certains services ou encouragements.

Par exemple, elles ont le plus grand intérêt à faire vérifier leurs livres et leurs comptabilités par un inspecteur compétent. Les comptables de ces Caisses sont très dévoués, mais ils éprouvent parfois quelques difficultés à se débrouiller dans leurs écritures : un inspecteur, révisant leurs livres sous leurs yeux, leur donne la meilleure leçon pratique de comptabilité. L'expérience nous apprend que les comptables qui ont eu leurs livres revisés une première fois commettent environ *six fois* moins d'erreurs qu'auparavant. Et les comptables dont les livres ont été revisés deux fois n'en commettent presque plus.

De plus, certaines Caisses sont exposées à s'éteindre lorsque meurt l'homme qui a pris l'initiative de la fondation : il arrive parfois que les survivants sont embarrassés pour continuer une œuvre à laquelle ils n'avaient pas pris une part assez active. S'il n'y a pas dans la région un centre qui prend l'initiative d'encourager la Caisse et de chercher l'homme de dévouement qui la fera subsister, elle est en danger de disparaître.

Même hors ce cas, il peut arriver que les promoteurs d'une Caisse se laissent rebuter par les difficultés du début et perdent l'entrain nécessaire pour mener l'œuvre à bien, etc., etc.

Une organisation départementale ou régionale est nécessaire pour parer à ces besoins. Le règlement de l'Union prévoit deux types d'organisations répondant à deux situations différentes.

Dans les régions où il existe des Caisses en nombre suffisant, elles forment un *groupe régional ;* les Caisses composant ce groupe élisent un *Conseil de groupe* chargé d'organiser les divers services du groupe.

Dans les régions où il n'y a pas encore des Caisses assez nombreuses pour former un groupe, les personnes qui veulent propager l'œuvre forment un *Comité de propagande.*

Dans l'un ou l'autre cas, le groupe régional ou le Comité de propagande doivent être agréés par l'*Union.*

Ils ont pour mission principale :

1º De s'occuper de la propagande.

2º D'organiser l'inspection, soit par un inspecteur professionel, quand les ressources du groupe le permettent, soit par la *mutualité,* les directeurs ou comptables les plus expérimentés étant chargés de vérifier les Caisses voisines à charge de réciprocité.

3º De réunir chaque année une Assemblée générale des représentants des Caisses de la région pour se rendre compte mutuellement des progrès réalisés, pour étudier les moyens de parer aux difficultés pratiques, pour examiner les éléments dont on dispose pour créer des Caisses dans de nouvelles communes. Ces réunions sont très importantes, car elles donnent plus de confiance et d'ardeur à ceux qui y ont participé.

4º Enfin, *s'il y a lieu,* d'organiser une Caisse centrale pour le groupe ou préférablement pour plusieurs groupes s'entendant pour cette création.

On ne saurait trop encourager les amis des Caisses rurales à organiser ces groupes ou Comités, qui sont les auxiliaires nécessaires de l'*Union* centrale.

VIII

L'Union ne se borne pas à établir des liens entre les Caisses rurales ; elle tient aussi — et c'est là une partie essentielle de sa mission — à maintenir l'intégrité des doctrines et des principes qui sont son fondement.

L'œuvre de Raiffeisen repose sur des principes économiques, sociaux et moraux ; l'Union les défend jalousement, pour éviter toute dégénérescence ; elle n'a jamais hésité à lutter avec énergie pour soutenir ses doctrines et conserver son esprit.

Ses principes économiques sont résumés dans ses statuts : la responsabilité des associés, le désintéressement de tous, telles sont les bases fondamentales sur lesquelles repose la sécurité de la Caisse rurale ; la première partie de cette étude en montre l'importance.

Mais la Caisse Raiffeisen n'est pas simplement une œuvre financière : elle a une portée morale et sociale considérable, qui forme son principal attrait pour la plupart des raiffeisénistes. Amener les agriculteurs à se solidariser, à répondre les uns pour les autres, c'est leur faire remporter une victoire sur l'égoïsme, c'est leur faire pratiquer cette charité fraternelle que Raiffeisen résumait dans sa belle devise : « Tous pour chacun, chacun pour tous ! »

La Caisse rurale exerce encore une influence moralisatrice, lente mais très efficace, par cela même que la prudence de ses membres l'oblige à n'accorder du crédit qu'aux hommes honnêtes, laborieux, offrant des garanties morales sérieuses.

Aussi, la Caisse rurale a-t-elle été particulièrement appréciée et encouragée par les hommes qui estiment qu'une œuvre vaut surtout par son efficacité morale. C'est pourquoi les hommes qui obéissent à un mobile religieux, et tout spécialement les catholiques, lui ont donné leur concours.

Il en est résulté qu'on a donné parfois à l'*Union des Caisses rurales* la qualification de *confessionnelle*. C'est une inexactitude.

Une œuvre est confessionnelle, lorsqu'elle exige de ses membres l'adhésion à une croyance ou certaines pratiques du culte. L'*Union des Caisses rurales* n'a jamais eu cette exigence ; elle admet volontiers des membres appartenant à des confessions diverses. Elle s'est placée sur le terrain de la liberté, et elle n'entend pas en sortir ; elle estime que les fondateurs d'association quelconque ont le droit de donner à leur fondation l'esprit et le caractère que leur conscience juge être le meilleur ; si certains veulent fonder des Caisses rurales confessionnelles, elle entend respecter et défendre leur liberté ; mais, en fait, la presque totalité des Caisses fondées par elle ou sous son inspiration n'ont aucun caractère confessionnel, dans le sens précis de ce mot.

Mais il est bien certain que la grande majorité des fondateurs des Caisses rurales françaises sont des hommes profondément pénétrés de l'esprit religieux, et qu'ils se sont dévoués à cette œuvre parce qu'ils ont vu dans son influence moralisatrice un appui précieux pour la foi. Ils pensent que notre société moderne a besoin de se retremper dans une morale plus pure, dans des croyances plus vives ; et ils croient que la religion et la morale sont si intimement liées que tout progrès de l'une profite à l'autre.

STATISTIQUE DE L'UNION DES CAISSES RURALES ET OUVRIÈRES
1894-1905

EXERCICES	1894	1895	1896	1898 (1)	1899	1900	1901	1902	1903	1904	1905
Nombre de caisses ayant fourni leur état statistique	72	209	317	301	337	322	345	371	384	442	443
Nombre des membres	1 684	5 479	8 648	10 121	11 720	10 395	10 682	12 551	13 448	15 687	16 580
Mouvement de caisse	335 633	1 466 711	2 322 950	3 474 683	3 766 605	4 097 911	5 324 258	6 066 796	5 826 377	8 432 073	9 725 560
Nombre de prêts en cours à la fin de l'exercice	421	1 354	2 501	4 133	4 895	4 073	4 319	4 208	5 301	6 474	5 724
Actif	125 739	554 343	1 046 587	1 594 762	1 905 423(2)	2 016 089	2 535 852	2 876 734	3 409 024	4 644 427	5 335 845
Bénéfices	1 363	3 553	7 443	8 454	15 409	13 153	15 449	16 496	19 414	21 530	24 851
Pertes	29	325	403	1 698	240	657	2 605	558	51	153	486
Nombre de créances douteuses	0	0	0	0	1	4	2	4	5	9	14
Montant des créances douteuses	0	0	0	0	484	490	3 743	4 804	2 769	2 453	3 489

Les caisses affiliées à l'*Union* doivent lui adresser chaque année un relevé sommaire de leur situation. Malheureusement un trop grand nombre de caisses négligent souvent de répondre au questionnaire qui leur est envoyé annuellement : les chiffres portés au tableau ci-dessus ne sont donc que partiels.

(1) Il n'a pas été fait de statistique de l'exercice 1897 parce que les modifications de statuts nécessitées par l'arrêt du Conseil d'Etat du 24 décembre 1897 n'ont pas laissé le loisir nécessaire pour cette opération.

(2) Ce chiffre est non celui de l'actif, mais celui des prêts en cours au 31 décembre 1899.

EN VENTE

A l'Union des Caisses rurales, 97, avenue de Saxe, Lyon, ou à la Papeterie générale, 94, rue de l'Hôtel-de-Ville, Lyon.

Manuel pratique à l'usage des fondateurs ou administrateurs des Caisses rurales.	1 fr. »
Franco par la poste.	1 fr. 3o
La Caisse rurale (feuille de propagande de l'*Action populaire* :	
1 exemplaire.	o fr. o5
10 exemplaires.	o fr. 3o
100 exemplaires.	2 fr. 5o
5oo exemplaires.	10 fr. »
1.000 exemplaires.	17 fr. »
Registres spéciaux adaptés à la comptabilité du Manuel :	
Registre des délibérations (100 pages).	1 fr. 25
Livre de caisse (1oo pages)	2 fr. »
Grand-livre (200 pages).	4 fr. »
Livre d'inventaires (1oo pages).	2 fr. »
Port par colis postal.	1 fr. o5
Livre des entrées et sorties des sociétaires, sur papier timbré pour 10 actes.	6 fr. 3o
Franco par pli recommandé.	6 fr. 6o
Pour 20 actes.	12 fr. 5o
Franco par pli recommandé.	12 fr. 90
Statuts imprimés sur papier timbré (les trois exemplaires)	3 fr. 75
Franco par pli recommandé.	4 fr. »

(Il est envoyé des statuts de Caisse de droit commun, si la commande ne demande pas expressément des statuts du modèle de la loi du 5 novembre 1894).

Bulletin mensuel de l'Union des Caisses rurales et ouvrières.

Abonnement : France	2 fr. »
— Union postale.	2 fr. 5o

1637-06. — Imprimerie P. Feron-Vrau, 5, rue Bayard, Paris, VIIIe.

IMPR. P. FERON-VRAU, 3 ET 5, RUE BAYARD, PARIS, VII°.

IMPR. P. FERON-VRAU, 3 ET 5, RUE BAYARD, PARIS, VIII°.

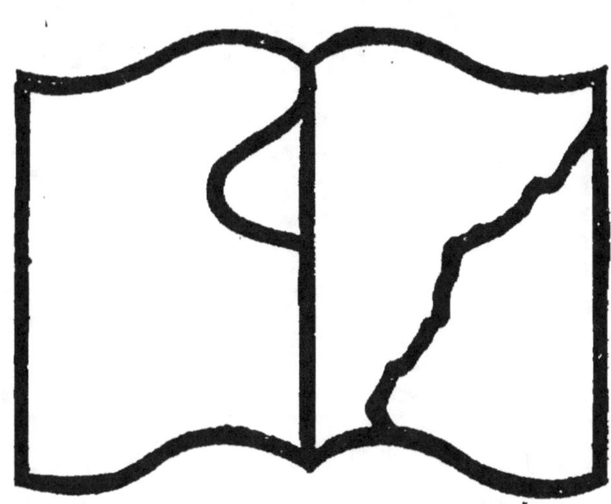

Texte détérioré — reliure défectueuse

NF Z 43-120-11